Franjo Terhart, geboren 1954, unterrichtete einige Jahre lang Latein und Philosophie. Seit 1985 ist er für den WDR und verschiedene Zeitungen tätig, seit 1991 ist er Kulturbeauftragter der niederrheinischen Stadt Neukirchen-Vluyn. Franjo Terhart arbeitet als Rundfunkjournalist und ist Autor von zahlreichen Sachbüchern und Romanen.

Sein Interesse an west-östlicher Mystik und dem keltischen Kulturraum haben ihn häufig nach Irland, Wales und Frankreich geführt, wo er die scheinbar vergessene Welt der Katharer entdeckt hat.

FRANJO TERHART

UNENDECKTE PYRENÄEN

Auf alten Schäferpfaden durch das Land der Katharer

NATIONAL GEOGRAPHIC

Ein Buch der Partner Goldmann und National Geographic Deutschland

Umschlagfotos:
Eberhard Neubronner (oben),
Cantabria/ Superbild Europa, Bernd Ducke (unten)

Louis Salary (S. 22)
Alle weiteren Fotos stammen vom Autor.

Dieses Werk erscheint in der Taschenbuchreihe
National Geographic Adventure Press
im Goldmann Verlag, München.

1. Auflage März 2003, Originalausgabe

Lektorat: Susanne Härtel, München
Karte: Margret Prietzsch, Gröbenzell
Umschlaggestaltung: Petra Dorkenwald, München
Herstellung: Sebastian Strohmaier, München
Satz: Uhl + Massopust, Aalen
Druck und Bindung: Clausen & Bosse, Leck
ISBN 3-442-71169-X
www.goldmann-verlag.de
Printed in Germany

Das Papier wurde aus chlorfrei gebleichtem Zellstoff hergestellt.

Für Herbert E.,
der mir den Blick auf die Pyrenäen öffnete

Aus meinem Pyrenäen-Tagebuch

Du biegst jetzt scharf nach links ab, danach die Kuppe hinunter; endlich bist du da. Die Dunkelheit auf dir und um dich herum kennt scheinbar unterschiedliche Grade, ganz allmählich unterscheidest du, was ist und wohin es dich verschlagen hat. Schon sind die Erdwälle und Weinstöcke so nah wie deine eigene Halsschlagader. Warmer Regen perlt über deine Haut. Halme kitzeln deine Nase. Schafe blöken. Die Luft riecht nach Feuern, genährt von alten Rebstöcken. Du bleibst stehen und schaust an dir herab, magst dich drehen und wenden wie du willst, es bleibt dabei: Du wurdest einverleibt, zählst ab jetzt unauslöschlich mit zu den Menschen dieses Ortes. Und wirst fortan auf Zehenspitzen gehen bei der bloßen Erwähnung seines Namens.

Inhalt

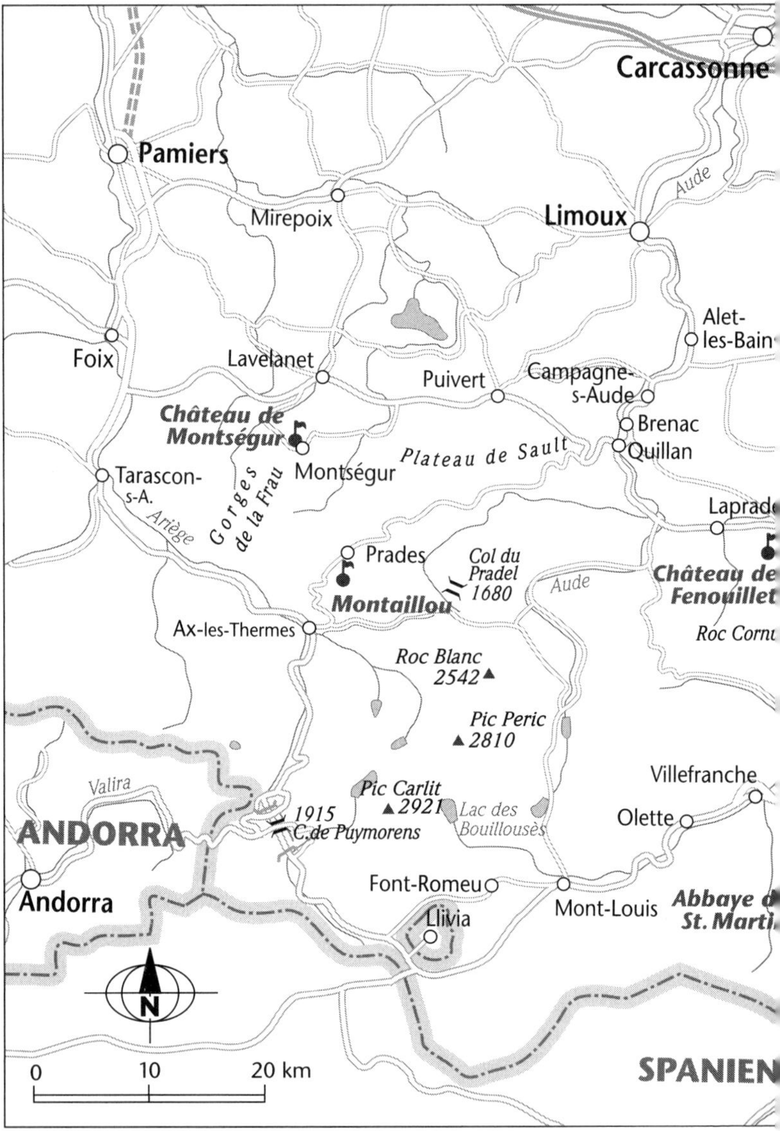

Carcassonne
Pamiers
Aude
Mirepoix
Limoux
Alet-
les-Bain
Foix
Lavelanet
Puivert
Campagne-
s-Aude
Château de
Montségur
Brenac
Quillan
Plateau de Sault
Tarascon-
s-A.
Gorges
de la Frau
Montségur
Laprad
Ariège
Prades
Col du
Pradel
1680
Aude
Château de
Fenouillet
Montaillou
Ax-les-Thermes
Roc Corn
Roc Blanc
2542
Pic Peric
2810
Villefranche
Valira
Pic Carlit
2921
1915
C.de Puymorens
Lac des
Bouillousès
Olette
ANDORRA
Andorra
Font-Romeu
Mont-Louis
Abbaye d
St. Marti
Llivia
N
0
10
20 km
SPANIEN

Aude
Narbonne
Lagrasse
Etang de-Bages
Golf du Lion
Château de Peyrepertuse
St.-Paul-de-Fenouillet
Château de Quéribus
Salses
Agly
Perpignan
Orgues
Ille-sur-Têt
Têt
Mittelmeer
Prieuré de-Serrabonne
Abbaye St. Michel
2784 Pic du Canigou
Collioure
Banyuls-s-M.
Arles
Arles-sur-Tech
Prats-de-Mollo
Tech

Ein abbruchreifes Haus im Roussillon

Wenn man Frankreich-Fan ist, dann liebt man regional vor allem die Bretagne und die Provence – jedenfalls trifft das auf die meisten Liebhaber dieses Landes zu. Die Bretagne bietet jede Menge Kultur und die Provence vor allem aufregende Küstenstädte wie Cannes oder Saint-Tropez – aber auch ganz viel Sonne und herrliche Strände. Deutsche Frankreichfahrer besuchen im Sommer auch gerne mal die Atlantikküste, aber nur höchst selten die Pyrenäenregion. Orte wie Quillan, Arles-sur-Tech, Mont-Louis oder Foix – keineswegs kleine Städte – kennen nur die wenigsten. Die Regionen Aude und Ariège wie überhaupt die östlichen Pyrenäen sind nach wie vor die Stiefkinder des Tourismus – was zugegebenermaßen auch seine guten Seiten hat.

1985 erzählte mir mein Freund Herbert, der am Niederrhein wohnt, dass er sich sehr gerne ein Haus im Süden Frankreichs kaufen wolle. Er hatte mich zu sich zum Frühstück eingeladen, als das Thema auf sein noch zu erwerbendes Urlaubsdomizil kam.

»Nahe bei Cannes oder mehr in Richtung Toulon? Oder gar am Gorge?«, wollte ich von ihm erfahren. Er grinste mich bedauernd an und seine Stimme klang mitleidig: »Du kennst wie viele auch nur die Zentren des ungebremsten Tourismus in la France, was? Die interessieren mich überhaupt nicht, nicht einmal das weitere und nähere Umland.«

Ich machte ein verdutztes Gesicht. Woran dachte er bloß? Und als er mir dann vom Roussillon, der Stadt Limoux, den Corbières, den Burgen der Katharer und den tiefen, zum Teil noch unberührten Tälern des Ariège erzählte, verstand ich kein Wort von dem, was er mir da so glühend vortrug. Das waren für mich böhmische Dörfer, von denen ich im Leben noch nichts gehört hatte.

An welcher Stelle in Frankreich sollte es das denn geben? Und falls das alles wirklich existierte, wieso kannte ich es dann nicht? Immerhin bezeichne ich mich als Frankreich-Kenner und Fan des Landes. Und wollte er wirklich dorthin, wo es so gut wie keine Touristen gab, wie er behauptete?

»Die kannst du dort mit der Lupe suchen. Selbst im Hochsommer!«

Ich war beeindruckt und auch ein wenig abgeschreckt. War es sinnvoll, sich gerade dort ein Ferienhaus zu kaufen? Für Herbert war das überhaupt keine Frage und im Nachhinein

Carcassonne.

muss ich sagen, dass er eine kluge Entscheidung getroffen hat, auch wenn der erste Eindruck seiner neu erworbenen Immobilie alles andere als positiv für mich ausfiel.

Knapp 30 Kilometer südlich der mittelalterlichen Stadt Carcassonne und in unmittelbarer Nähe zu Limoux im Tal der Aude gibt es einen Weiler namens Gajan. Nicht einmal 90 Menschen sollten dort leben, hatte mir Herbert erklärt. Das wollte ich mir unbedingt anschauen.

Nachdem Herbert und ich die Autobahn bei Narbonne verlassen hatten, wobei wir die berühmte Abtei Fondfroide links liegen ließen, fuhren wir durch eine fast menschenleere Landschaft: die Corbières. Arbeit gibt es hier kaum, aus diesem Grund ist die Landflucht sehr hoch. Mehr oder weniger versuchen alle Menschen hier vom Weinanbau zu leben. Das Departement Aude zählt zwar mit zu den größten in Frankreich, doch hatte es im Jahre 1985 gerade mal 250 000 Einwohner. Davon lebten über zwei Drittel in Städten wie Narbonne, Carcassonne, Quillan oder Castelnaudary.

Unsere Fahrt mit dem Auto führte uns durch eine hügelige, stark bewaldete Landschaft mit zahlreichen Bachläufen – die wir jedoch schnell wieder durch dichtes Gestrüpp aus den Augen verloren – und tiefen, engen Tälern. Die Straßen und Wege schienen uns allein zu gehören. Schließlich, nach zahlreichen Kurven, Berg- und Talfahrten, erreichten wir eine Passhöhe, den Col de Gajan.

»Dort unten ist es«, sagte Herbert stolz. Was ich erblickte, war ein kleiner Ort, in dem sicherlich nicht mehr als eine Hand voll Menschen leben konnte. Gajan ist wie viele Städte und Dörfer in der Region in früher Zeit einmal rund gebaut worden. Was bedeutet: Alle engen Gassen führen im Kreis um einen kleinen zentralen Platz herum. Die alten Häuser stehen

Gajan und Umgebung.

dicht aneinander gelehnt, als müssten sie sich gegenseitig stützen, um nicht umzufallen, was mitunter der Fall ist, und geben dadurch solchen Dörfern sowohl etwas Burg- als auch Labyrinthähnliches. Der Eindruck von einer kleinen Festung auf dem Lande drängt sich dem Betrachter unwillkürlich auf. Aber ein solches ungewöhnliches Ensemble von Häusern hat auch seinen besonderen Charme. Man fühlt sich sofort in seinen Mauern geborgen. Zudem spenden die engen Gassen gerade im heißen Hochsommer Schatten und ein wenig Kühle.

Wir parkten das Auto auf dem einzigen Platz des Ortes und liefen durch eine enge, kaum zwei Meter breite Gasse bergab zu seinem neu erworbenen Haus. Herbert zeigte auf drei grau verputzte Wände, die an zwei oder drei Stellen ein kleines Fenster aufwiesen.

»Eins, zwei, drei! Haupthaus, Stall, Stall. Mein neues Domizil.«

»Hm!« machte ich, denn das Ganze sah einfach nach nichts aus. Alles an den Gebäuden erschien mir marode und furchtbar hässlich. Die beiden Ställe waren dunkle, muffige »Höhlen« und das alte Haupthaus, in dem es noch nicht einmal eine Toilette gab, war im Laufe der letzten Jahre, in denen es leer gestanden hatte, zu einem Hort für Fledermäuse, Eulen und anderes Getier geworden.

Herbert zeigte stolz auf ein Loch hoch oben im bröckelnden Mauerwerk. »Siehst du diese Öffnung dort oben? Dort haben sie früher die toten Schweine hochgezogen, nachdem die hier unten im Garten durch einen Bolzenschuss niedergestreckt worden waren. Und dort, sieh mal, die Öffnung in der Wand.«

Ich schaute mich um und erkannte ein faustgroßes Loch, etwa ein Meter über dem Erdboden. Was hatte es damit auf sich?

»Dort floss das Abwasser aus dem Haus und versickerte danach im Garten. Auf der anderen Seite ist ein großes, aus einem Stein herausgeschlagenes Waschbecken, das ich unbedingt erhalten sollte.«

Es folgte die Hausbesichtigung, bei der mir Herbert mit Feuereifer die einzelnen ehemaligen Räumlichkeiten erklärte. Wir stiegen über Berge von Schutt, Dreck und die verrotteten Hinterlassenschaften der ehemaligen Besitzer. Immer wieder warnte mich Herbert vor brüchigen Stellen im Fußboden: »Pass auf! Tritt dort nicht hin. Die Balken sind völlig morsch!«

»Was wirst du mit eins, zwei und drei machen?«, fragte ich ihn, und der Ton in meiner Frage klang sicherlich so, als wäre Abriss die einzige Möglichkeit.

»Restaurieren, erhalten, einiges abreißen. Ich habe eine Vision, wie alles einmal aussehen könnte. Die will ich verwirklichen.«

Eine Vision! Reicht dafür ein Leben, dachte ich?

»Solange du noch nicht im Lotto gewonnen hast, wird es Jahre dauern.« Eine vergebliche Warnung!

»Das schreckt mich nicht. Ich fange zunächst mit dem ehemaligen Schafstall an und mache daraus eine gemütliche kleine Unterkunft. Von ihr aus wird alles Weitere geplant und Zug um Zug in Angriff genommen. Ich habe doch Zeit, du kannst mir helfen, wenn du willst, und dabei viel über das Leben in den Pyrenäen erfahren. Sozusagen schriftstellerische Feldforschung.«

»Ich bin begeistert«, knurrte ich.

»Ach, guck mal, wer da kommt?«, sagte Herbert und zeigte auf jemanden hinter mir, der sich langsam näherte.

»Das ist Jean Maury, von dem ich dieses Haus gekauft habe.«

So lernte ich damals Jean kurz kennen. Er war freundlich, humorvoll und nicht ganz so zurückhaltend, wie man es den Bewohnern der Pyrenäentäler gerne nachsagt. Herbert und Jean regelten das Geschäftliche miteinander, während ich mich mit dem Gedanken anfreundete, von nun an öfter herzukommen. Später sagte Herbert zu mir: »Alles im Lot! Jean geht jetzt wieder zu seinen Schafen. Er soll damit recht gut im Geschäft sein, sagt man.«

Ich ging nicht darauf ein, weil ich nicht annahm, dass ich den Mann jemals wieder sehen würde.

Aber wie heißt es doch so schön? Man begegnet sich im Leben immer zwei Mal!

Ein großartiges Angebot

Jahre später besuche ich eine Ausstellung über die Geschichte des mittelalterlichen Templerordens. Diese mit vielen Fotos, interessanten Requisiten, großen Schautafeln und zahlreichen Büchern anschaulich zusammengestellte Dokumentation ist eine ständige Ausstellung in einem ehemaligen Schulgebäude in dem kleinen Dorf Campagne-sur-Aude.

»Solange es unseren lokalen Verein gibt, wird es auch diese Ausstellung geben«, erklärt mir die junge Frau an der Kasse. Acht Männer und Frauen des Ortes haben sich mit viel Liebe und Akribie der Geschichte des untergegangenen Mönchsritterordens gewidmet, der einst im Roussillon eine so bedeutende Rolle spielte.

Als ich die Dokumentation besuche, sind mit mir noch fünf, sechs andere Besucher in den Räumen. Mit einem von ihnen komme ich beim gemeinsamen Anblick einer Europakarte, auf der die verschiedenen Comtureien der Templer eingetragen sind, ins Gespräch. Zahlreiche Kirchen und Häuser des mittelalterlichen Ordens, der vom Papst und dem französischen König gleichermaßen bekämpft worden ist, sind durch grüne Punkte markiert. Ich interessiere mich besonders für die Städte in meiner Heimat, und das fällt dem kleinen, etwa fünfzigjährigen Mann neben mir sofort auf.

»Ah, Sie sind aus Deutschland. Eine meiner Schwestern hat

dorthin geheiratet. Interessieren Sie sich außer für die Templer auch noch für die Katharer? Denn nicht nur bei uns, auch in Deutschland hat es sowohl Templer als auch Katharer gegeben. Die Ersten ›Reinen‹, wie sich die Katharer nannten, sind damals in Köln im Jahre 1140 verbrannt worden. Ihr Ausspruch: *Das Geld ist die Faulnis der Welt*, war wohl dem Bischof zu viel des Guten. Wissen Sie, für mich ist die Geschichte des Templerordens auch ein großes Stück Katharergeschichte. Einige Großmeister des Templerordens, also jene, die an der Spitze der Mönchsritter gestanden haben, sollen Katharer gewesen sein. Das ist alles bei der Befragung durch die Inquisition herausgekommen. Haben Sie das gewusst?«

Ich nicke, weil ich mich seit geraumer Zeit intensiv mit den Templern, die man auch Schwertbrüder nennt, befasse. Schon bald befinden wir uns in lebhaftem Gespräch über mein Lieblingsthema. Der Mann, der einen guten Kopf kleiner ist als ich und mit seinem schütteren grauen Haar, dem Schnäuzer und der Baskenmütze dem Klischee eines Südfranzosen voll und ganz entspricht, stellt sich mir als Jean Maury vor.

»Jean Maury? Jean Maury?«, frage ich nachdenklich. »Sind wir uns nicht schon einmal begegnet?«

Und plötzlich fällt der Groschen und die Erinnerung ist wieder da. Ich muss von Herbert und seinem umgebauten Haus erzählen. Aber dann kommen wir erneut auf die alten Katharer zu sprechen. Neugierig werde ich vor allem, als mir Jean erklärt, dass viele von ihnen seinerzeit alte Schäferwege über die Pyrenäen genommen haben, um vor der Inquisition ins spanische Aragon oder nach Katalonien zu fliehen.

»Kennt man diese alten Pfade noch?«, frage ich Jean.

Er lächelt mich vielsagend an: »Ich entstamme einer uralten Schäferfamilie und führe selbst noch gelegentlich Herden

Schlucht in den Pyrenäen.

durch die Berge. Ich kenne hier jeden Stein, jeden Baum und jeden Weg. Als Montségur belagert wurde, sind heimlich vier Katharer aus der Burg geflohen, am Vorabend, bevor die Belagerten aufgaben. Man weiß, wohin sie damals gingen, nämlich über Montaillou zur Burg Usson. Wenn du magst, dann zeige ich dir ihren Fluchtweg, der gleichzeitig ein alter, nur den Schäfern bekannter Pfad durch die wilde Bergwelt der Pyrenäen ist.«

Welcher Abenteurer und zudem auch noch Autor hätte diesem Angebot widerstehen können?

Ich sage spontan zu und so komme ich ein gutes Jahr nach unserem zweiten Treffen zu einer außergewöhnlichen Erfahrung, die mir die Natur und Kultur dieser faszinierenden Region im Süden Europas ein gewaltiges Stück näher gebracht hat.

Wo der Gott der Zeit schläft

In diesem Jahr reise ich ohne meine Familie und fahre somit gleich zum Wohnort von Jean durch. Brenac liegt oberhalb von Quillan, erstreckt sich zwischen den Höhen 410 und 830 Metern und hat gerade mal 204 Einwohner. »Letzten Monat waren es noch 203, aber dann hat Marie, meine Frau, einen Jungen geboren. Jetzt sind wir hier endlich einer mehr«, erklärt mir Jean nach unserer herzlichen Begrüßung stolz.

Brenac ist ein hübsches Dorf, das sich erfolgreich um den Preis *Ville fleurie* beworben hat. Auf der Nationalstraße, die einige hundert Meter tiefer unten am Hang liegt, reisen Touristen fast immer an dem kleinen, sehr gepflegten, aus engen Gassen und alten Häusern bestehenden Bergdorf, achtlos vorbei. Dabei hat der kleine Weiler, dessen Gründung auf das Jahr 870 zurückgeht, durchaus etwas Geheimnisvolles zu bieten. Sein Name rührt vom keltischen Gott Bran her.

Bei den Kelten ist Bran der Gesegnete, der den heiligen Kessel besitzt, durch dessen Kraft Tote zum Leben erweckt werden. Insofern triumphiert er über die Zeit, weil er alles Vergängliche relativiert. Bran ist ein Riese an Größe und Kraft. Seine Augen sind so groß wie Bergseen. Er selbst bezeichnet sich als das Haupt, das eine Brücke bildet, über welche die Lebenden von einem Ufer zum anderen, nämlich in die Anderswelt oder christlich gesprochen das Jenseits schreiten können. Im Kampf

Brenac.

mit einem Feind wird Bran von einem vergifteten Speer am Fuß tödlich verletzt. Vor seinem Tod bittet er seine Freunde, ihn zu enthaupten und seinen Schädel im »weißen Hügel von London« zu beerdigen. Als ein Gott, der nun nur noch als Kopf besteht, sagt er allen die Zukunft voraus und versorgt seine Freunde mit dem Notwendigsten zum Leben. Der Legende nach gräbt König Artus jedoch später Brans Haupt aus und provoziert dadurch die Sachseneinfälle, denn das Haupt hatte, solange es in der Erde ruhte, Britannien gegen seine Feinde geschützt.

Und dieser keltische Gott hat dem kleinen Dorf vor knapp 3000 Jahren seinen Namen gegeben.

»Du kannst uns auch als die Bewohner vom *Krähendorf* bezeichnen«, meint Jean Maury schmunzelnd zu mir. »Weil die wahre Bedeutung von Bran nun einmal die Krähe ist.«

In seinem Haus lerne ich seine Frau Marie und seine drei Kinder kennen. Sie blicken mich erwartungsvoll an und ihr Vater erklärt ihnen, dass ich der deutsche Schriftsteller bin, der ein Buch über die Templer und Katharer schreiben will. Julie, die Zweitjüngste, kichert und hält sich dann verschämt die Hand vor den Mund.

Auf meine neugierige Nachfrage hin, fangen jetzt alle Kinder am Tisch an zu lachen. Zuletzt zeigen sie mir ein abgebrochenes Stück Baguette, dessen weicher, weißer Inhalt mit kleinen Fingern bearbeitet worden ist.

»Das hat Antoine vorhin gemacht«, sagt Julie. Antoine ist ihr zwei Jahre älterer Bruder. »Er sagt, das sei ein kaputtes Katharerschloss. Sie brauchen also gar nicht so weit zu reisen! Wir haben es bei uns in der Küche.«

Wieder lachen alle, und diesmal stimme ich mit ein. Verrückte Bande! Danach betrachte ich das Neugeborene, das in seinem Bettchen friedlich schlummert. »Regis ist unser ganzer Schatz, und du wirst es nicht glauben, Franjo, aber nach seiner Geburt kam jeder aus dem Dorf vorbei, um ihn zu sehen und uns zu beglückwünschen. Ohne Nachwuchs sterben solche Gemeinden wie die unsrige allmählich aus. Deshalb versuchen wir unser Brenac auch für Fremde attraktiv zu machen. Suchst du vielleicht ein Grundstück? Kostet bei uns nicht viel. Aber du musst innerhalb eines Jahres darauf bauen. Das ist Bedingung!«

Wir lachen erneut und reden so, als wären wir schon seit Jahren alte Freunde, die sich viel zu erzählen haben. Dabei haben wir zwischen unserem näheren Kennenlernen auf der Templerausstellung letztes Jahr und dem heutigen Tag nicht mehr als zwei Briefe und drei, vier Telefonate gewechselt.

Ich habe die Franzosen in vielen Teilen des Landes, aber gerade in den etwas abgeschiedenen immer als sehr kontaktfreudig erlebt. Vor allem, wenn man sich traut, ihre zugegebenermaßen nicht einfache Sprache zu sprechen. Lieber hören sie großzügig über Grammatikfehler und falsche Ausdrücke hinweg, als dass sie sich mit einem in der Universalsprache Englisch unterhalten.

Das mögen viele als Arroganz bezeichnen – für mich jedoch wurde im Laufe der Jahre vielmehr spürbar, dass Franzosen deshalb so sehr ihre eigene Sprache schätzen, weil diese ihnen erlaubt, ihre ganze Gefühlspalette am besten auszudrücken, begleitet von lebhaften Gesten und Mimik. Mit fremden Sprachen, selbst wenn Franzosen diese ausgezeichnet beherrschen, glauben sie das weniger gut zu können. Deshalb sollte man es ihnen nachsehen, wenn sie bevorzugt in dem »Sprach-Wasser« schwimmen wollen, in dem sie ihre ganze Persönlichkeit am überzeugendsten darstellen können. Sprache ist für sie nicht nur da, um sich exakt auszudrücken, sondern vielmehr um darin ihrem Gefühl freien Lauf zu lassen.

Ich frage Jean über das Dorf Brenac aus, denn ich liebe Orte auf Anhöhen so wie Bergdörfer oder Ansiedlungen oberhalb eines Sees. Ich liebe es, sie mir zu erlaufen und sie so im Detail kennen zu lernen.

»Du willst jetzt gleich spazieren gehen? Gut, machen wir! Ich zeige dir Brenac, die Frage ist nur, was wir zehn Minuten später anstellen?«

Die Kinder kichern. Sie scheinen Vaters kleinen Scherz nicht zum ersten Mal zu hören. Jean führt mich zuerst an eine spektakuläre Stelle in Brenac: eine tief ins Gestein hineingegrabene Schlucht, in die sich ein Wasserfall ergießt. Die Ortsausgangsstraße führt genau darüber hinweg. Oberhalb des Wasserfalls lehnen wir uns an das Geländer der Brücke und blicken träumend der sprühenden, in die Tiefe stürzenden Gischt unter unseren Füßen nach.

»Hier sollen früher Katharer hinabgestürzt worden sein, die sich weigerten, ihrem Glauben abzuschwören. Sie überlebten schwer verletzt. Danach hat man sie dort draußen auf einem Feld verbrannt.« Jean deutet auf eine Wiese, die sich saftig und grün vor den hohen Gipfeln der Pyrenäen abhebt. Ein idyllischer Anblick trotz der grausamen Geschichte.

Von Jean erfahre ich, dass Brenac an einem alten Katharerweg liegt, auf dem die »Reinen«, die ja vor allem Wanderprediger gewesen sind, sich einst fortbewegt haben. »Der Weg kommt von Quillan hoch, geht von hier nach Nébias, danach weiter auf der Hochebene bis nach Puivert und endet in Ax-les-Thermes. Du wirst ihn morgen zum Teil kennen lernen, denn ich will erst einmal testen, ob ein Stadtmensch wie du überhaupt Beine zum Laufen hat.«

»Wie meinst du das?« Ich schaue ihn etwas verblüfft an.

»Ganz einfach. Wir aus den Bergdörfern lernen laufen wie normale Menschen. Ihr jedoch, und das bekommen wir in der Schule eingepaukt, benutzt eure Beine nur dazu, um kräftig die Pedale im Auto zu drücken. Sie verlieren also ihre eigentliche Funktion. Habe ich Recht oder sind unsere Lehrer doof?«

Ich kneife ihn in die Seite und drohe: »He, nicht so frech, mein lieber Schäfer!«

»Dann überzeuge mich morgen vom Gegenteil!« Zwar verziehen sich dabei seine Mundwinkel zu einem Lächeln, aber er meint es offensichtlich ernst damit, wenn er mir in diesem Punkt nicht allzu viel zutraut.

Schließlich statten wir noch der Kirche Saint-Julien und Sainte-Basilisse einen Besuch ab, die nach zwei Heiligen geweiht wurde. Die Kirche von Brenac ist sehr alt, wurde aber erst vor einigen Jahren gründlich restauriert. Jean macht mich auf ein besonderes Deckengemälde, ein so genanntes Medaillon, aufmerksam. Ich sehe eine im Himmel schwebende goldene Pyramide. Von ihr geht ein Strahlenkranz aus, in dem sich ein Vogel von einem stilisierten Sarg mit Totenschädel in die Lüfte erhebt.

»Siehst du, Franjo, Brenac ist wahrlich ein gesegneter Ort. Bran, der alte keltische Gott hat sogar Einzug in diese katholische Kirche genommen. Aus seinem Schädel entsteht neues Leben. So wie sich Phönix aus der Asche erhebt, so überwindet dieser Vogel dort oben die sterbliche Welt. Denkst du nicht auch, dass wir an einem guten Ort leben, selbst wenn wir hier nur wenige sind?«

Ich stimme ihm zu. Jean Maury, der Schäfer, ist mit seinem Leben zufrieden. Mag die nächste Großstadt mit ihren Verlockungen auch weit weg sein, in seinem kleinen Dorf findet er an der Kirchendecke die unglaubliche Verheißung, dass nichts endet, ohne wieder geboren zu werden. Ich beneide ihn um diesen Glauben.

Kurz vor dem Abendessen führt mich Jean noch an eine Stelle außerhalb des Dorfes. Er gibt sich sehr geheimnisvoll. Wir müssen ein wenig im Gelände klettern, bis wir eine Stelle erreichen, die sich Capio, der Kopf, nennt. Von hier oben haben wir einen herrlichen Blick auf Brenac, das uns sozusagen gegenüberliegt. Aber warum sind wir hier, frage ich mich?

»Du interessierst dich doch so sehr für Mythologisches, nicht wahr?«, sagt Jean zu mir. Ich nicke eifrig. »Wie du schon weißt, ist Brenac das Dorf des Gottes Bran. Hast du den Gott schon mal gesehen?«

»Natürlich nicht.«

»Dann drehe dich um und staune.«

Ich wende mich neugierig um, und mein Blick fällt auf eine markante Stelle im Fels, keine vier Meter von mir entfernt. Ich sehe ein längliches Gesicht, zwei große Augenhöhlen, eine lang gezogene Nase, einen winzig kleinen Mund. Als ich näher herangehe und mit meinen Händen den Kopf erfühle, meine ich zu entdecken, dass kein antiker Steinmetz diesen Kopf geschaffen hat, sondern eine Laune der Natur. Hier also schläft Bran, der Gott der Zeit und der Wiederkehr, hier nahe bei einem kleinen unscheinbaren Dorf am Fuße der Pyrenäen, und bewacht es wie seinerzeit London.

Als wir den Hang hinuntersteigen und zu Jeans Haus zurückkehren, raunt er mir zu, dass der Kopf ein gut gehütetes Geheimnis im Dorf sei. »Die in Paris haben den Eiffelturm und sind in der ganzen Welt bekannt dafür. Aber wir am A... der Welt haben hier was viel Besseres und kaum einer weiß davon.«

»Darf ich es in meinem Buch schreiben?«

»Ja, das darfst du, denn von deinen Lesern wird keiner Bran jemals hier finden, solange der Gott selbst es nicht will.«

Was für ein schöner Anfang, denke ich und freue mich auf die nachfolgende, sicherlich ungewöhnliche Zeit mit dem Schäfer.

Ein Labyrinth aus Karst und eines aus Grünwuchs

Das Frühstück am anderen Morgen bei Maurys war eine Überraschung für mich. Während sich das herkömmliche französische Frühstück ausnahmslos auf Baguette und etwas Marmelade beschränkt, hat die Frau des Hauses auch Salami, ein gekochtes Ei und etwas Käse auf dem gedeckten Tisch in der kleinen, aber gemütlichen Küche aufgefahren.

»Du musst nicht denken, dass wir hier jeden Morgen so reichhaltig essen«, begrüßt mich Jean, bevor ich mich auf die schmale Holzbank am Fenster setze. »Das macht Thérèse nur deshalb, damit du für die Wanderung gestärkt bist und dir nicht schon nach dem ersten Kilometer mit Steigung der Magen knurrt.«

Na, das kann ja heiter werden, denke ich. Aber ich greife kräftig zu und stelle überrascht fest, dass auch meinem zukünftigen Weggefährten ein wenig Baguette mit Konfitüre am Morgen nicht reicht. Wir frühstücken beide ziemlich ausgiebig und necken uns deswegen gegenseitig. Danach soll es gleich losgehen mit dem geplanten Ausflug in die nähere Umgebung.

So treten wir hinaus vor die Tür, und Jean betrachtet aufmerksam den bewölkten Himmel. »Könnte regnen, muss aber nicht!«, murmelt er vielsagend. Er schnallt sich den Rucksack um, der so speckig und abgenutzt aussieht, als hätte er schon viele Wanderungen hinter sich gebracht, und holt einen langen Buchenstecken aus einer Ecke des Hauses hervor. Dann nickt er mir aufmunternd zu: »Voilà! Jetzt wollen wir mal!«

Wir verlassen sein Dorf in westlicher Richtung. Von Anfang an geht es bergauf, und wir folgen dabei einem uralten Pfad, der Brenac seit Jahrhunderten mit dem Nachbarort Nébias verbindet. Jean erzählt mir, dass das Klima hier recht milde sei, sodass sich auf den Wiesen und an den Hängen eine Vielzahl mediterraner Pflanzen wie Lavendel, Thymian oder die immergrüne Eiche ansiedeln konnten. Steil hinauf führt uns der Fußweg, bis wir zuletzt auf den Scheitelpunkt eines Höhenzuges, dem Saoutadou (544 m), ankommen, wo mich Jean auf einen Wasserfall aufmerksam macht. Aber leider sehe ich nichts von dem, was er mir als herrlichen Sturz über die Felsklippe schildert und als exzellentes Fotomotiv für Freunde des gebrochenen Lichtes, den Regenbogen, preist.

»Unsere Natur zeigt diesen außergewöhnlich schönen Wasserfall nur jenen, die im tiefsten Winter oder in der Regenzeit zu uns kommen. Heute musst du deine Fantasie bemühen!«

Ich betrachte die umliegende Gegend. Von hier aus haben wir einen herrlichen Blick über das Dorf Brenac und weit hinaus auf das hügelige, sehr bewaldete Land, in dem Jeans Dorf wie eine Perle eingebettet liegt. Etwas weiter oberhalb von uns wachsen in einem Gebiet, das Jean als *garrique* bezeichnet, sowohl Tannen als auch Eichen, Buchsbaum und Heidekraut.

Während ich dastehe und alles sorgfältig um mich her betrachte, spüre ich auf einmal die Stille, die in mich hineinkriecht und sogleich anfängt, sich dort breitzumachen. Jean, der Schäfer scheint sensibel zu sein für das, was mit mir geschieht.

»Nicht jeder«, sagt er, »der den ganzen Tag in seinem Job umherhetzt, Telefonate hier, Gespräche dort erledigt, empfindet diese radikale Stille gleich als wohltuend. Manche bekommen Angst. Ich habe mal einen Manager aus Paris hierher geführt und der bekam große Panik. Er musste sofort ins Dorf zurück. Später erzählte er mir, er habe geglaubt, die Welt, wie er sie kennt, würde sich auflösen. Er hat es einfach nicht ausgehalten.«

»Ich halte es aus, aber ich muss mich erst ein wenig daran gewöhnen«, antworte ich leise.

»Wenn wir später mit der Herde durch das Hochgebirge ziehen, wird diese einsame Stille dein ständiger Begleiter sein. Für die wandernden Katharer war sie sicherlich ein Moment der Weltentsagung. Für uns ist sie einfach nur erschreckend, weil sie uns zu unseren Wurzeln zurückführt. Nichts mehr lenkt uns von uns ab. Aber das wollen viele ja gar nicht. Deshalb haben wir die moderne Welt ja auch geschaffen, oder?«

Ein philosophierender Schäfer, der mit mir wandert, denke ich. Was gibt es Angenehmeres?

Die letzten Kilometer vor Nébias laufen wir durch ein Gebiet von Feldern, Wiesen und kleinen Waldstücken. Hin und wieder durchziehen schmale Wasserläufe die weite, fruchtbare Ebene. In Nébias gibt es ein zwar winziges, aber feines Museum, das anhand von Fundstücken die historische Bedeutung der Region aufarbeitet, aber auch detailliert über die Tierwelt berichtet. Ich werde es später besuchen, aber jetzt lassen wir es links liegen, denn Jean will mich über einen Rundweg nördlich des Dorfes zu einem interessanten Naturmonument führen. Es ist ein markierter Weg, und im Nachhinein weiß ich, dass dies einer der schönsten Wanderwege war, den ich jemals gegangen bin.

Zugleich ist es eine Wanderung der Entdeckungen – sowohl, was die unterschiedliche Landschaft als auch die von Menschen gebauten, jedoch schon lang verwaisten Gebäude betrifft. Neben einer mittelalterlichen Windmühle, einer alten Ziegelei und der romantischen Ruine eines alten Jagdschlosses sowie eines Klosters, ist das besondere Erlebnis dieses Weges die Welt der Gerüche und eines großartigen Panoramas. Die Sonne heizt den Boden auf und es entströmen dem karstigen, mitunter leicht rötlichen Erdreich tausende von Düften, die sich wiederum mit denen des Tannenwaldes und der Buchsbäume vermischen. Es ist wahrlich ein Fest für die Nase, während die satten Farben der Natur die Augen erfreuen. Der Höhepunkt unserer gemeinsamen Entdeckungsreise ist jedoch zweifellos ein natürlicher Irrgarten. Hier haben Regen und Wind den Karst zu einem abenteuerlichen Ensemble von gebrochenen Felsformationen geformt, in das man sich wie in ein Labyrinth hineinbegeben kann. Ihm schließt sich ein grünes Labyrinth an, das irgendwer aus Pflanzen in das Dickicht hinein gestaltet hat. Einige Baken weisen einem dabei den Weg, damit man nicht gänzlich in die Irre geht.

»Ist das künstlich geschaffene Pflanzenlabyrinth eine Idee eures hiesigen Tourismusministers?«, frage ich meinen Begleiter.

»So ungefähr. Ich selbst habe an diesem Projekt mitgewirkt. Labyrinthe faszinieren seit jeher die Menschen. Denke nur einmal an den sagenhaften Dädalus auf Kreta.«

»Der musste ja auch darin den menschenfressenden Minotaurus verstecken.«

»Da wir gerade dabei sind, Franjo: Wie wäre es mit einer kleinen Mahlzeit?«

»Hier im Labyrinth?«

»Ja, klar! Was könnte geeigneter sein?«

Und so kauern wir uns auf den Boden und Jean kramt aus

den Tiefen seines alten Rucksacks Brot, Käse, Hartwurst und eine Flasche Rotwein hervor. Wenn jetzt jemand vorbei käme, er müsste über uns beide hinwegsteigen, falls wir ihn nicht einlüden, ein Glas mitzutrinken. Die Hartwurst schmeckt köstlich, und nachdem ich gegessen und getrunken habe, regt sich in mir der Wunsch, mich auf dem Erdboden lang auszustrecken und ein wenig zu dösen. Ich habe es kaum gedacht, da legt sich Jean schon der Länge nach hin. Wenig später ruhen wir beide in diesem künstlichen Irrgarten mit geschlossenen Augen. Keine zwei Minuten später und Jean schnarcht wie der letzte Pyrenäenbär in seiner Winterhöhle. Die Herde grast weit außerhalb, denke ich amüsiert, während sich der Mensch im Labyrinth seines Lebens an einer Biegung ausruht, um anschließend die letzte Etappe vor dem endgültigen Ausgang besser zu schaffen.

Das Land der Schäfer und kleines Pyrenäen-Brevier

Am anderen Morgen rüsten wir zwei uns dann für die etwas ausgedehntere Etappe durchs Hochgebirge, die uns von Montaillou bis in die Nähe von Mont-Louis führen soll.

»Du hast doch genügend Zeit mitgebracht?«, fragt mich Jean am Frühstückstisch, während ich gerade herzhaft in ein Croissant beiße, das ich aufgeschnitten und dick mit Erdbeermarmelade bestrichen habe.

»Na, klar!«, beeile ich mich mit vollem Mund zu antworten. »Schriftsteller haben nichts anderes zu tun, als auf gute Geschichten zu warten. Und ich denke, wir zwei werden Einiges auf unserem Weg durchs Gebirge erleben.«

Jean nickt und macht dabei ein zufriedenes Gesicht. Offenbar gefällt ihm meine Einstellung.

Später erzählt er mir, dass er auch hin und wieder als Bergführer arbeitet und Touristen auf Touren durch die Pyrenäen begleitet. »Dabei stößt mir jedoch immer wieder übel auf«, sagt er, »dass sehr viele nur auf schnelles Erleben aus sind, Sehenswürdigkeiten scheinbar nach einem vorher festgelegten Terminplan abhaken wollen und durch die Bergwelt hetzen, als ob sie auf der Flucht wären.« So, wie er es sagt, hatte er offensichtlich ein wenig Sorge gehabt, ich könnte auch zu dieser modernen Spezies gehören, doch inzwischen kennt er meine Einstellung dazu.

Als ich die Ausrüstung vor der Tür erblicke, muss ich einige Male heftig schlucken. Ziehen wir wochen- oder gar monatelang durchs Gebirge oder warum müssen wir so viel mitschleppen?

Auf meinen erstaunten Blick hin, serviert mir Jean die Antwort. »Nun ja, wir werden schon einige Zeit lang unterwegs sein, zusammen mit der Herde!«

»Mit der Herde?«, wiederhole ich überrascht und auch ein wenig erschrocken. Müssen wir denn wirklich zusammen mit den Schafen losziehen? Das hatten wir vorher so nicht besprochen. Jean bemerkt meine entgleisten Gesichtszüge und schmunzelt: »Na, wenn schon, dann auch richtig. Du willst doch erfahren, wie es so ist, wenn man mit Schafen durch die Pyrenäen zieht. Du wirst es hautnah erleben. Wir werden im Freien übernachten müssen oder in den alten *cabanes*. Wenn ich mir das Wetter so anschaue, scheinen wir mächtig Glück zu haben. Aber, Franjo, es ist erst Mitte Mai, und da kann es auch noch verspätete Wintereinbrüche im Gebirge geben. Alles schon gehabt.«

Jean zeigt auf ein, zwei Lammfelle, die er mit in die zwei großen Rucksäcke packt. Ich weiß, gegen die Kälte gibt es auf der Welt nichts Besseres. Wir verstauen Proviant, Zelt und sonstige Dinge in seinem Jeep, den Thérèse inzwischen vorgefahren hat, nachdem sie zuvor noch in Quillan einkaufen gewesen war. Sie wird uns nach Montaillou bringen, das etwa 40 Kilometer entfernt liegt, und uns später an anderer Stelle wieder abholen. An welcher genau, das werden wir noch sehen. Bevor wir abfahren, mustert mich Jean noch einmal eingehend von Kopf bis Fuß.

»Hast du einen Hut?«

Ich grinse ihn herausfordernd an. »Aber sicher!« Dann ziehe

ich aus einer Tasche meines Rucksacks eine Baskenmütze hervor.

»Okay!« Er nickt zufrieden und meint, dass ich mit einer Mütze im Gebirge immer gut beraten sei, weil die Sonne selbst im Mai schon kräftig aufs Haupt scheine und mitunter das Gehirn ausdörre – falls man eines hat. Dann geht es los.

Die Fahrt nach Montaillou wird mir als Fahrt auf die Plateaus in Erinnerung bleiben. Sozusagen von einem Stockwerk zum nächsten. Mehrere Male durchqueren wir weite Ebenen, um am Ende über einen kleinen Pass auf die nächst höhere zu gelangen. Ohnehin heißt das ganze Gebiet Plateau de Sault und ist eine wirklich faszinierende Landschaft. Ganz unten liegen die Aude und Quillan. Dann folgt der Pass bis zum Col du Portel. Danach wieder eine Ebene bis zum nächsten Aufstieg. Eine ungewöhnliche Reise! Als wären diese Hochebenen der Welt entrückt und die Menschen in ihnen wüssten nichts von jener Welt, die jenseits der Ränder in der Tiefe liegt. Wir durchfahren einen Landstrich, dessen Wiesen, Felder, Alleen, sprudelnde Bergbäche, einsame Gehöfte und abseits gelegene Dörfer mich meinen Eindruck von einer Welt neben der unsrigen weiterspinnen lassen. Und im Hintergrund die mächtige Wand der Hochpyrenäen. Schneebedeckte Berge, zumindest um diese Jahreszeit, die abschreckend und anziehend zugleich wirken.

»Diese Gebirgskette ist Schranke und Pforte in einem«, hat mir Herbert mal erklärt. Das verleitet mich zu einem kleinen Exkurs über Natur, Kultur, Geschichte und Bedeutung dieser südeuropäischen Region.

Wölfe gibt es hier und noch ein anderes, weitaus größeres Tier! Von keinem Bären gefressen worden zu sein bei seinen Wanderungen, darüber belustigte sich der französische Autor Hippolyte Taine noch Mitte des 19. Jahrhunderts. Ironisch berichtete er, wie mutig er gewesen war, freiwillig die letzte Wildnis Frankreichs aufgesucht und auch überlebt zu haben. Seine Wanderungen führten ihn tief in den Gebirgszug hinein, der sich zwischen dem Golf von Lyon im Osten bis zur Biskaya ganz im Westen auf einer Länge von 450 Kilometern erstreckt.

Die bis 3404 Meter hohe Gebirgswand der Pyrenäen ist zugleich die Staatsgrenze zwischen Spanien und Frankreich. Die Natur hat in dieser wilden Region Europas durch tektonische Verschiebungen Gletscher, Höhlen, bizarre Kalksteinformationen, schroffe Grate und sanfte Bergrücken, enge Täler und tiefe Schluchten und vulkanisches Gestein – wie zum Beispiel im spanischen Garrotxa-Gebiet – ausgebildet.

Wegen ihrer teilweisen Unzugänglichkeit konnten sich in den Gebirgsregionen sowohl seltene Tierarten als auch eine mannigfaltige Flora entwickeln. Braunbär, Wolf, Luchs, Bartgeier und Steinbock wurden wieder angesiedelt und behaupten sich mehr schlecht als recht zum einen gegen eine drastische Zunahme von Ski-, Rad- und Kanusport und zum anderen gegenüber der Ausbreitung der Forst- und Weidewirtschaft. Welcher Schäfer mag schon Wölfe in seinem Revier! Oder gar Bären! Vor allem, wenn er sie nur aus den Märchen oder aus den Erzählungen der Alten kennt. Aber dass Bär und Wolf, die immer, wenn auch in kleiner Zahl, zu den heimischen Tierarten der Pyrenäen zählten, wieder anzutreffen sind, grenzt an ein Wunder und kann nur begrüßt werden. Dass ein Tier ein anderes reißt, gehört zum Fortbestehen der gesamten Natur, doch nur höchst selten holt sich der Wolf ein Lamm aus der Herde – viel häufiger schlagen die Bartgeier zu, die man hier auch »Knochenbrecher« nennt.

Ich selbst habe erlebt, wie in meiner unmittelbaren Nähe ein Lamm auf dem granitenen Fels aufschlug und seine Knochen dabei zersplitterten. Ein Bartgeier hatte seine Beute zuvor ergriffen und dann aus 80 Meter Höhe fallen lassen, um den Körper auf diese Weise zu zerschlagen. Nur so konnte er an das für ihn wertvolle Mark der Knochen heran.

Kulturgeschichtlich gesehen zählen die Pyrenäen mit zu den ältesten Wohngebieten Europas. Viele Völker sind hier durchgezogen und haben dabei ihre Spuren hinterlassen. Mit dem Menschen von Tautavel – dem Schädel eines 20-jährigen jungen Mannes – wurden hier die ältesten menschlichen Überreste unseres Kontinents entdeckt. Auch der schier unerschöpfliche Reichtum an vorgeschichtlichen Fundstätten und Felsmalereien belegt die hohe Bedeutung der Pyrenäen für die Frühzeit der Menschheit: Die Kelten brachten um 800 v. Chr. die Kenntnis der Metallverarbeitung dorthin; Griechen, Phönizier, Karthager und Römer, Wandalen, Westgoten und Araber drängten in den Jahrhunderten danach in diesen Teil Europas.

Im 8. und 9. Jahrhundert n. Chr. wurden die Pyrenäen zu einer Pufferzone zwischen Islam und Christentum. Erst Karl der Große verhinderte durch die Schlacht bei Poitier im Jahr 732 das weitere Vordringen der Muselmanen über die Pyrenäen hinaus. In dieser Zeit bestand sogar für einige Jahrzehnte ein jüdisches Königreich – Septimanien – unter der Herrschaft von Wilhelm von Gellone im heutigen Gebiet von Narbonne und Perpignan. Es grenzte an Katalonien, das damals noch maurisch war und dies auch bis 1149 blieb. Danach eroberten die Templer nach und nach die spanische Halbinsel, vertrieben die islamischen Herrscher und hätten sich am liebsten um 1300 ein eigenes Templerreich auf dem Gebiet der östlichen Pyrenäen geschaffen. Aber dazu kam es nicht mehr, weil der König von Frankreich, Philip der Schöne, und Papst Clemens VI. bereits den Untergang des Mönchsritterordens beschlossen hatten.

Wir sehen, dass die Pyrenäen – Schranke und Pforte in einem – für das Abendland in der Geschichte weitaus mehr Bedeutung gehabt haben, als man gemeinhin denkt.

Ruine der Burg Montaillou.

Kurz bevor wir das westliche Ende des Hochplateaus erreichen, biegt Thérèse von der Straße auf einen Schotterweg ab. Vor uns stehen mehrere Häuser, die einen etwas heruntergekommenen Eindruck machen: das heutige Montaillou. Wir durchfahren das Dorf auf seiner einzigen, äußerst engen Gasse, dann lenkt Thérèse den Jeep auf eine Anhöhe. Hier erheben sich die traurigen Reste einer ehemaligen Burg, wo in den drei übrig gebliebenen, zehn Meter hohen Mauern des alten Turms Raben ihre Nester bauen.

Sie begrüßen uns mit heftigem Gekrächz und stürzen dann mit wildem Flügelschlagen aus den Nischen und Löchern des Mauerwerks davon. Ein unheimliches Bild. Ihre Schreie klingen uns in den Ohren wie lautes Schimpfen über unser plötzliches Eindringen in ihr schwarzes Reich.

Thérèse wünscht uns auf dem Weg Glück, verabschiedet sich herzlich von mir und ihrem Mann, dann braust sie davon.

Da stehen wir nun mit unserer Ausrüstung und schauen zur Burg hinauf. Jean führt mich an eine Stelle vor dem alten Turm, von wo aus man einen beeindruckenden Ausblick über das gesamte Hochplateau hat. Unter uns liegen nichts als Wiesen, eingebettet in eine hügelige von kleinen, trockenen Gräben durchzogene Landschaft. Kaum Bäume, keine Sträucher, Steinmauern oder Hecken beengen den Blick. Hier ist also einst das Reich der Schäfer gewesen, kommt es mir in den Sinn. Einst, das bedeutete vor allem im Mittelalter, als Schafe der einzige Reichtum der Menschen in dieser Region gewesen waren.

Dort unten, am Fuße des Hügels, liegt ein Ort, der sich zwar Montaillou nennt, mit dem ehemaligen aber nichts zu tun hat. Das alte Montaillou, in dem die Vorfahren Jean Maurys einst gelebt haben, ist seit Jahrhunderten verschwunden. Nicht ein

Stein ist auf dem anderen geblieben. Bis auf die Reste der kleinen Burg derer von Planissoles, die auch Katharer gewesen waren wie alle anderen im Dorf, den angeblich katholischen Pastor eingeschlossen. Montaillou war das letzte Dorf der Katharer im Roussillon gewesen, ihre letzte Gemeinde …

Katharer! Es wird Zeit, dass ich Genaueres über diese mittelalterliche Sekte mitteile, die der Kirche ein so großer Dorn im Auge gewesen war, dass sie zuletzt keinen anderen Ausweg mehr sah, der Abtrünnigen Herr zu werden, als sie mit brennenden Scheiterhaufen und endlosem Hass zu verfolgen.

Die blutige Geschichte der Katharer

Ihren Namen kenne ich seit meiner Kindheit. Damals hörte ich, dass man vor vielen Jahrhunderten im Rheinland irgendwelche Leute verbrannt hatte, die sich Katharer nannten. Vollkommen furchtlos hätten sie sich dem Tod durch die lodernden Flammen gestellt. Das hatte mich tief beeindruckt. Später lernte ich dann während meines Theologiestudiums, dass es sich bei den Katharern um eine mittelalterliche, häretische, also nicht kirchenkonforme, Sekte gehandelt hat, die aber spätestens ab Anfang des 15. Jahrhunderts in Europa völlig von der Bildfläche verschwand.

Im Roussillon, wo sie am verbreitetsten war, konnte die Sekte der Katharer am längsten überleben. Katharisches Denken beseelt in vielen Dingen noch heute die Menschen dieser Region, und wer sich länger mit den Alten unterhält, wird dies auch unweigerlich feststellen. Vor allem die Hirten der östlichen Pyrenäen ließen den Glauben der Katharer nicht aussterben und haben ihn bis in unsere heutige Zeit hinübergerettet. Die »Reinen« nannten sich diese Menschen deshalb, weil sie sich als rein und geläutert betrachteten gegenüber den Verlockungen der Welt. Was brauchte etwa ein Hirte mehr als seine Schafe und einen warmen Unterschlupf in den Bergen? Er brauchte keinen Vatikan und keine Sündenvergebung; er fürchtete den Tod nicht und das Fegefeuer. Er brauchte keinen Papst, der ihm vorschrieb, was gut war und was böse. Insofern waren die Katharer Revolutionäre, die die Obrigkeit von Staat und Kirche bedrohten. Interessant ist jedoch, dass sich neben den einfachen Leuten auch viele Adelige der radikalen Glaubensbewegung anschlossen.

Die Katharer bezeichneten sich selbst auch »Himmelsbewohner«, und wer ihre Burgen im Roussillon besucht, erkennt, was sie damit gemeint haben müssen. Es gibt eine wunderbare Möglichkeit, die Pyrenäen sozusagen von erhöhter Warte aus zu betrachten. Wer nämlich in der Aude-Region die schneebedeckten Gipfel der Pyrenäen wie von einem Aussichtsturm aus sehen will, der sollte Katharerburgen wie etwa Queribus oder Peyrepertuse aufsuchen. Beide »Luftschlösser« wurden zwar auf steilen Berggraten errichtet und nur Schwindelfreie sollten sich zu den vom Wind umtosten Ruinen hinauftrauen, aber der unvergleichliche Ausblick lohnt alle Mühen des beschwerlichen Aufstiegs.

Diese Burgen, zu denen auch Montségur gehört oder Puilaurens, waren Brutstätten eines aufbegehrenden religiösen Geistes, der die katholische Religion im 12. Jahrhundert in arge Bedrängnis brachte. Die Katharer waren kluge und zugleich bescheidene Leute. Sie predigten Wasser und tranken es auch – im Gegensatz zu den geistlichen Vertretern der römisch-katholischen Kirche, die sich fett in ihren Pfründen suhlten. Das lateinische Roma, wo der Papst herrschte, ist nicht Amor, der Liebesgott bzw. die Liebe, was es rückwärts gelesen bedeutet, erklärten die Katharer, und das Volk lief ihnen in Scharen zu. Mit ihrer Kritik an der römisch-katholischen Kirche, dass Papst und Bischöfe die Lehre Jesu verraten hätten und mehr dem Mammon Geld und Macht frönten als der tätigen Nächstenliebe, trafen die katharischen Wanderprediger den Nerv des Volkes. Das Machtfundament der Kirche wurde auf diese Weise unterhöhlt. Der Bauer widersprach auf einmal in Glaubensfragen dem Pastor und das wollte die Kirche auf keinen Fall dulden.

Doch Argumente und Drohungen von kirchlicher Seite fruchteten schon bald nicht mehr, und so loderten im Pyrenäengebiet am Ende die Scheiterhaufen. Weil sich aber in einer Stadt Katharer und Katholiken mitunter nicht augenscheinlich auseinander halten ließen, kam der oberste Vollstrecker der kirchlichen Gerechtigkeit, der Großinqusitor Simon de Montfort, schnell auf die Formel: »Tötet sie doch alle, liebe Soldaten! Gott wird schon wissen, wer die Guten und die Bösen sind.«

Die Geschichte der Katharer und vor allem ihr Untergang ist stark mit einem Ort verbunden: Montségur. Sein Name steht nach wie vor für das Geheimnis an sich und dies nicht nur, weil er an die mystische Gralsburg der Artusromane Montsalvage erinnert. Montségur und Montsalvage sind beide Berge des Heils und des Glaubens.

Über ein Jahr lang wurde Montségur am Fuße der Pyrenäen im 13. Jahrhundert von den französischen königlichen Truppen belagert. Dann, am 16. März 1244, verließen die Bewohner ihre Burg, aber nicht um klein beizugeben. 205 Katharer – Männer, Frauen und Kinder – weigerten sich nach wie vor, ihrem Glauben abzuschwören und stürzten sich singend in die Flammen des Scheiterhaufens.

Woran aber glaubten sie, was ihnen so viel Kraft gab?

> »Anfangs gab es zwei Prinzipien, das Gute und das Böse, und in ihnen war für alle Zeiten das Licht beziehungsweise die Finsternis begriffen. Aus dem Prinzip des Guten kommt Licht und Geist; aus dem Prinzip des Bösen Materie und Finsternis.«

Berg Montségur.

Diese Sätze sind Teil des katharischen Glaubensbekenntnisses. Im 12. Jahrhundert vollzog sich im westlichen Europa die Entstehung der Katharer. Ihre gelebten Erfahrungen mit den Härten einer ungerechten, ja bösen Welt verdichteten sie zu einem Dogma und praktischen Moralsystem. Es sei immer der Teufel, der alles Sichtbare und Vergängliche geschaffen habe, unter anderem auch den menschlichen Körper und die Sexualität. Gott hingegen – so glaubten sie unbeirrt – habe nur das geschaffen, was wirklich von Dauer sei: das Unsichtbare und die unverderbliche menschliche Seele. Der reine Mensch ist folglich himmlisch und körperlos.

Die katharische Bewegung formierte sich zunächst im Stillen. In der Champagne wurde das erste Bistum der Katharer gegründet – in Südfrankreich ein weiteres in der Gegend von Albi, woher sich der Name Albigenser ableitet.

Die Sekte der Albigenser/Katharer verbreitete sich rasch. In Köln gründeten die Katharer Glaubensschulen, denen auch angesehene Bürger angehörten. Die Kirche war entsetzt.

Die Ketzerei der Sekte bestand vor allem darin, dass die Katharer auf der Existenz zweier Christusfiguren bestanden: auf den irdischen Christus – der in Jerusalem gekreuzigt worden war und dies zu Recht, weil er mit Maria Magdalena in wilder Ehe zusammengelebt und sogar Kinder mit ihr gehabt habe – und den himmlischen Christus – der nicht aß oder trank und in der unsichtbaren Welt geboren und gekreuzigt wurde. Für die Katharer ist die Annahme eines zweiten Christus, der nicht aus Fleisch und Blut besteht, sehr wichtig. Von den Radikalen unter den Katharern war zu hören: »Christus? Jede gefallene Seele ist seinesgleichen.« Was sich auf den Christus bezieht, der unter Qualen am Kreuz gestorben ist.

Höher gestellt als Christus selbst waren jedoch die »Vollendeten« unter den Katharern – die »Parfaits« oder »Perfecti«. Es ist leicht vorzustellen, dass diese Denkweise die Kirchenoberen zutiefst erzürnte.

»Meine Seele ist die Seele eines gefallenen Engels, die seither schon durch viele Körper wie durch wechselnde Käfige hindurchgewandert ist.« So sprachen die Vollendeten und meinten damit nicht sich, sondern die normalen Gläubigen. Es kam immer wieder vor, dass die oberste geistige Führungsschicht der Katharer – mitunter waren das gerade mal 15 Vollendete in einer Region Südfrankreichs – an die 1000 Anhänger mitrissen, allein durch ihr Wort, ihr Zeugnis, ihre Ausstrahlung. Unter diesen Vollendeten gab es auch Frauen, die, in schwarze Gewänder gehüllt, umherzogen und predigten. Die Vollendeten, deren Seele schon bereits auf Erden erlöst war, kamen nach ihrem Tod sofort in den Himmel, während die Gläubigen solange wieder geboren wurden, bis sie rein waren.

Die Versammlung der Vollendeten bildete die oberste Autorität in den katharischen Gemeinden. Sie selbst waren rigorose Asketen, und ihr Dasein gestaltete sich äußerst beschwerlich. Selbstverständlich galt sexuelle Enthaltsamkeit. Bleich und mager vom Fasten waren die Männer und Frauen. Alle waren sie mit einem mönchsähnlichen schwarzen Rock bekleidet, später trugen sie Kapuze oder einen breiten Filzhut und zogen gelegentlich mit einem Wanderstab ausgerüstet durch die Dörfer und Städte. Brot, Fisch, Gemüse und Früchte waren ihre Hauptnahrung, nichts durfte mit Fett zubereitet werden, und um Verunreinigung von vornherein zu verhindern, trugen die Vollendeten ihre eigenen Teller »neunmal gespült« und ihre persönlichen Handtücher durch die Welt.

Zu keiner Zeit wird es in ganz Westeuropa mehr als 10 000

von ihnen gegeben haben. Nach dem Jahr 1300 fanden sich in ganz Südfrankreich nur noch etwas mehr als zehn der Vollendeten. Dennoch stellten selbst diese wenigen, die alles Diesseitige von sich geworfen hatten, eine furchtbare Macht dar.

Die Vollendeten waren ein Gegenbild zur katholischen Kirche. Nur sie bildeten den unveräußerlichen Kern katharischen Wesens und jeder von ihnen war gewissermaßen ein Papst für sich. Sie lehrten, dass die wahre Kirche arm und verfolgt sein müsse, während die Katholischen goldene Ringe mit Edelsteinen besetzt trügen. Von einem Vollendeten stammte das betörend schöne Wort: »Das Geld der Welt ist die Fäulnis der Seele.«

In der katholischen Kirche sahen diese vollendeten Männer und Frauen die große »Hure Babylons« aus der Apokalypse. Vollendete töteten niemals Menschen, auch dann nicht, wenn sie selbst angegriffen wurden. Die Todesstrafe an Ketzern oder an Verbrechern war für sie Mord. Auch Tiere töteten sie nicht, weil sie nach der Reinkarnationslehre die Seelen von Menschen enthalten konnten; es sei denn, es handelte sich bei den Tieren um Sechsfüßler, Fische oder Flöhe. Schlangen, Eidechsen, Mäuse, Kröten wurden gleichfalls nicht respektiert, denn sie waren »Satanstiere«.

Das »Consolamentum« oder die »Tröstung« wurde als einziges Sakrament benutzt, um jemanden aus der Mitte der Gläubigen in die Gruppe der Vollendeten aufzunehmen. Das Consolamentum war ein Akt höchsten Ernstes. Mit ihm schwor der neue Vollendete allem »Schmutzigen« in der Welt ab, um den höchsten Grad an Reinheit und Weisheit zu erlangen. Ein Gläubiger jedoch konnte im Prinzip jeder werden; allerdings glaubten die Vollendeten, dass es nur eine bestimmte Anzahl von ihnen auf der Erde gäbe. Die restlichen Menschen blieben Verdammte. Katharische Gläubige durften heiraten, Fleisch essen oder Menschen töten, wenn dies notwendig war.

Vermutlich hat es keinen unter den Vollendeten gegeben, der rückfällig geworden wäre. Denn Vollendeter werden konnte man nur einmal. Wer diesen höchsten Stand verspielte, der stieg bei seiner Wiedergeburt auf eine tiefe Stufe hinab, und es war unmöglich für ihn, jemals daraus erlöst zu werden.

Das Ritual, um Vollendeter zu werden, war für alle Gläubigen gleich. Am Anfang versprach der Kandidat, dass er sich niemals mehr den Werken des Fleisches ausliefern würde, nie mehr log, niemals einen Eid schwor und nie die Gemeinschaft der Katharer verlassen würde, auch nicht aus Angst vor Wasser, Folter oder Feuer. Danach betete er laut das häretische Vaterunser, das unter anderem nicht von »unserem täglichen Brot« sprach, sondern vom »geistlichen Brot«. Am Ende legten die anderen Vollendeten dem Neuerwählten ihre Hände und ein »Buch« – war es das Evangelium? – auf den Kopf und gaben ihm den Bruderkuss. Dabei warf sich die ganze übrige Versammlung der Vollendeten vor ihnen nieder.

Wie stark der Glaube eines Vollendeten sein konnte, wissen wir durch die Inquisitionsprotokolle. Die Katharer kannten nämlich die *endura*, das gewollte Verhungern. Da diese Praxis von manchen Katharern im Winter geübt worden war – sie gingen in die Berge, um sich dort freiwillig Kälte und Hunger auszusetzen und notfalls zu sterben –, haben auch einige Vollendete diesen rituellen Selbstmord in der Gefangenschaft praktiziert.

Einen Totenkult kannten die Katharer jedoch nicht. Der Leib wird niemals auferstehen, sagten sie. Dagegen wird die Seele des Vollendeten von 18 Engeln durch jeden der sieben Himmel geleitet. Der katharische Himmel kannte grüne Weiden

Katharerfriedhof.

und Wiesen, bevölkert von Singvögeln, doch gab es weder Durst und Hunger noch Hitze und Kälte. Was mit der Erde einmal sein würde, kümmerte die Katharer wenig. Sie könnte am Ende der Zeit zur Hölle, zum »Paradies der Dummen«, entarten. Die meisten glaubten jedoch, dass die Bösen in einem sinnlosen Kreislauf auf ewig geboren würden, um auf diese Weise durch immer neuere, schrecklichere Körper zu wandern.

Was wurde aus den Katharern? Nach 1244 flohen die noch verbliebenen Reinen aus Frankreich nach Norditalien und so saßen 1260 überall in den Städten zwischen Alessandria und Verona die katharischen Diakone. Aber die Inquisition war übermächtig. Nach 1280 wurden die großen Städte wie Mailand, Genua, Venedig oder Florenz zu den letzten Schlupfwinkeln der Reinen. Um 1320 waren auch diese von der mächtigen Kirche gesäubert. Die letzten Vollendeten und Gläubigen flohen nach Sizilien, bis sich auch dort ihre Spuren verloren. 1381 tauchten in Siena noch einmal Katharer auf, die aber fünf Jahre später öffentlich verbrannt wurden. Am 3. August 1412 grub man westlich von Turin feierlich die Gebeine von 15 toten Vollendeten aus und übergab sie dem Feuer. Damit war alles zu Ende.

In manchen Märchen, wie in dem französischen »Der seelenlose Körper«, haben sich über die Jahrhunderte katharische Motive bewahrt: »Meine Seele ist in einem feuerroten Ei und befindet sich im Körper einer Taube. Die Taube ist in einem Fuchs, der Fuchs in einem Wolf, der Wolf in einem Eber, der Eber in einem Leoparden, der Leopard in einem Tiger, der Tiger in einem Löwen, der Löwe in einem Menschenfresser, der weder Mensch noch Tier ist.«

Eine traurige Vorstellung, die den Fall der Seele in die Materie symbolisiert. Haut und Schale müssen entfernt werden, um an das verborgen Göttliche zu gelangen.

Das alte Montaillou vom Jahr 1300

Das alles geht mir durch den Kopf, als ich mit Jean zusammen hinunter auf die Hochebene und das neue Dorf Montaillou schaue. Wie aber hat es hier wohl vor 700 Jahren ausgesehen? Von Jean erfahre ich darüber Genaueres, denn er hat sich mit der Geschichte des verschwundenen Montaillous beschäftigt wie kein Zweiter:

Das kleine, heute nicht mehr sichtbare Dorf Montaillou lag auf einer von gutem Weideland und viel Wald umgebenen Hochebene oberhalb des Hers, der sich weiter unten durch die Wiesen schlängelt. Kilometer später mündet dieses Flüsschen in die goldhaltige Ariège, der eine ganze Region ihren Namen verdankt. Oberhalb dieses lang gestreckten Hochplateaus laufen zahlreiche Hänge auf einen gezackten schroffen Felskamm zu. Jenseits dieser baum- und fast strauchlosen Höhe stößt man nur noch auf nackten Fels, von der Sonne verbrannt und vom Frost ungezählter eiskalter Wintermonate gespalten. Aber mitunter trifft man zwischen den kargen Felsschluchten auch noch auf ödes Heideland, dessen ebene Fläche von Pinien, von Rosmarin- oder Thymianbüschen durchbrochen wird.

Dies war das Land der Schäfer, die jeder für sich ihrem einsamen Tagewerk nachgingen und sich für eine bestimmte Zeit nicht um die Belange der Welt weiter unten zu scheren brauchten. Vor dem Hintergrund eines blauen Himmels leuchteten in den heißen Sommermonaten die schneebedeckten Gipfel der Pyrenäen. Geheime Pfade, die nur die allerwenigsten kannten, führten durch dieses unwirtliche Bergmassiv hindurch. Adler durchzogen den azurblauen Himmel und in den tiefen Wäldern war der Ruf des Auerhahns zu hören, aber zu fürchten hatten die Schäfer vor allem Bären und Wölfe, die nur zu gern in die Herden einbrachen und dort mit Vorliebe Lämmer und Jungtiere rissen.

Auf der Höhe des Hügels, an dessen Hängen herab das alte Montaillou terrassenförmig angelegt war, erhob sich die kleine Burg, in der Anfang des 13. Jahrhunderts der Graf Bérenger de Planissoles zusammen mit seiner schönen Gemahlin Béatrice lebte. Ihre vier Kinder hatten sie längst mit Töchtern und Söhnen adeliger Familien im Lande verheiratet. Unterhalb des herrschaftlichen Gebäudes mit seinen wuchtigen Mauern klammerten sich die aus grauem Basaltstein erbauten Häuser des Dorfes an den steilen Abhang. Eines war über dem anderen errichtet, oftmals ineinander verschachtelt, manchmal auch durch kleine Gärten voneinander getrennt, in die sich häufig die Schweine verirrten und von lärmenden Kindern mit heftigem Armerudern zurück in die Ställe getrieben wurden. In der Luft über Montaillou vermischte sich der Geruch der Holzfeuer und der heimischen Herde mit dem Gestank der Abwässer, die sich aus den Häusern auf den dunkelbraunen Pfad vor der Tür ergossen und im Staub und Erdreich nur langsam versickerten.

Montaillou, das von einer benachbarten Bergkuppe aus betrachtet wie ein graues Labyrinth wirkte, fühlte sich vor äußeren Feinden sicher, sodass die Bewohner es niemals – wie in anderen Gegenden üblich – mit einer schützenden Stadtmauer umgeben hatten. Und dies aus zwei guten Gründen: Einerseits bestand jederzeit die Möglichkeit, hinter den starken Mauern der über dem Dorf aufragenden Burg Zuflucht zu suchen, andererseits waren die Mauern der Häuser am Dorfrand selbst so stabil errichtet worden, dass sie potentiellen Angreifern durchaus eine lange Zeit hätten standhalten können. In der untersten Häuserreihe war jedes einzelne Haus so dicht an das nächste gebaut worden, dass man ihre Außenmauern durchaus als Stadtmauer hätte ansehen können. Eine einzige »Lücke« innerhalb dieser geschlossenen Reihe gab den Weg frei in den Ort: das Marientor. Von ihm aus führte ein gewundener Pfad quer durch das gesamte Dorf bis hinauf auf den Hügel zur Burg.

Einen kurzen Fußmarsch unterhalb Montaillous lag die Ortskirche und noch ein Stückchen tiefer am Hang inmitten des Totenackers der Gemeinde eine kleine Kapelle, die der heiligen Jungfrau geweiht gewesen war. Von ihrem Eingang aus konnte man weit oben das schmale, aus starken Eichenbohlen gefertigte Tor von Montaillou sehen. Aus diesem Grunde hatten es seine Bewohner Marientor genannt. Gemeint war mit Maria jedoch nicht die Mutter des Herrn, sondern Maria Magdalena, die man für die Gemahlin des Erlösers hielt. So glaubten es wenigstens die Katharer.

Montaillou war bis Anfang des 14. Jahrhunderts eine ihrer letzten Bastionen gewesen. Dass es sie überhaupt noch gab, lag einzig daran, dass die kirchlichen Herren und der König von Frankreich den kleinen Pyrenäenweiler schlichtweg übersehen, wenn nicht gar vergessen hatten. Das verleitete die Bewohner des Ortes zu der gefährlichen Annahme, dass Gott seine schützende Hand über sie gelegt habe und sie vor aller Gewalt beschützen würde. Ein Trugschluss, wie sich leider herausstellen sollte!

Denn Montaillou wurde vollkommen dem Erdboden gleichgemacht. Jacques Fournier, der spätere Papst Benedikt XII., hatte vom 15. Juli 1318 bis zum 9. Oktober 1325 in Pamiers ein Inquisitionsgericht ins Leben gerufen, auf dem die letzten Katharer der Region, eben die Menschen aus Montaillou, befragt, verurteilt und hingerichtet worden waren.

Der französische Schriftsteller Emmanuel LeRoy Ladurie hat die Prozessakten der Inquisition aus den Archiven hervorgeholt und sie der Öffentlichkeit in einem spannenden Buch vor einigen Jahren vorgestellt. In »Montaillou – ein Dorf vor dem Inquisitor« wird das Leben der Bewohner dieses Bergdorfes wieder lebendig, und dies auf beeindruckende Weise, weil die Inquisitoren die Menschen des kleinen Dorfes nach ihrer Vorstellung über Gott und die Welt, über Leben und Tod, über den ganz normalen Alltag befragt und dabei alles sorgfältig protokolliert haben. So entstand ein lebendiges Bild des Mittelalters, das den Leser mitreißt. Man könnte meinen, die Menschen hätten nicht vor 700 Jahren gelebt, sondern wären in heutiger Zeit unsere Nachbarn. Man scheint sie gut zu kennen und fühlt deshalb im Prozess mit ihnen mit. Geschichte kommt in Laduries Buch deshalb nicht verstaubt daher, sondern emotionalisiert – was man dem Autor im übrigen auch vorgeworfen hat.

Bedrückend ist beim Lesen das Wissen, dass die Befragung für alle – und schon bald kennt man jeden einzelnen Dorfbewohner beim Namen und stellt ihn sich leibhaftig vor – tödlich ausgeht.

Dass hier einst Menschen gelebt haben, ist 700 Jahre nach dem Untergang von Montaillou kaum vorstellbar. Nichts ist von dem kleinen Dorf übrig geblieben, nur die Burg ragt in den Himmel, zumindest die drei hohen Mauern, durch die der

Wind pfeift und in denen die Krähen und Raben ihre Nester bauen.

Jean und ich kauern uns noch ein wenig ins Gras und genießen gemeinsam den Anblick, der sich uns über das Plateau bietet.

Aufstieg zum Col du Pradel

»Hat es hier wirklich einst Leben gegeben, wie es das Buch von Emmanuel LeRoy Ladurie behauptet? Kaum zu glauben«, sagt Jean nachdenklich. Dann beginnt er zu erzählen: »Du musst dir vorstellen, Franjo, was hier zu dieser Zeit abgelaufen ist, hier, wo wir beide jetzt in der Ödnis sitzen. Tausende von Schafen trieben die Männer von Montaillou Jahr für Jahr auf die Winterweiden des Lauragais und Kataloniens. Pierre Maury, mein weit entfernter Vorfahre, von dem in den Protokollen der Inquisition zu lesen ist, war der Sohn von Raimond Maury, der als Einziger im Dorf einen Webstuhl besaß. Wie sein Vater, der zusätzlich zu seinem bescheidenen Einkommen eine kleine Herde von Schafen besaß, so wollte es auch sein ältester Sohn Pierre einmal haben. Mit zwölf Jahren wurde er deshalb Schäfer und verdingte sich an reiche Leute, um deren Schafe zu hüten. In diesem zarten Alter schickten die Bauern ihre Kinder mit den Herden los. Eine Kindheit, so wie wir sie heute verstehen, gab es zu jener Zeit nicht. Sie hörte auf, sobald ein Kind dazu in der Lage war, kleinere Arbeiten im Haus zu versehen.

Junge Schäfer wie Pierre hatten noch viel zu lernen. Seine Lehrzeit, das wissen wir, fand fern der Heimat statt, nämlich in Tournon, wo er die Schafe einer Witwe hütete. Wenn du magst, werde ich dir in den nächsten Tagen noch mehr vom Leben der Schäfer vor siebenhundert Jahren erzählen.«

»Sehr gern, Jean. Aber sag, wo holen wir die Herde überhaupt ab?«

»Normalerweise zieht man ja im Frühjahr, vor der Aussaat, mit den Tieren los, aber für dich spielen wir das Ganze, zumindest im Kleinen, leicht verspätet durch«, erklärte Jean schmunzelnd. »Wir gehen heute noch zum Col du Pradel, wo mein Bruder René uns circa dreißig Tiere bringt, die wir dann mit zwei Hunden durchs Gebirge führen. Auf dem Weg, den früher auch Pierre Maury genommen hat, wenn er seine Schafe tief hinein bis nach Spanien auf die Sommerweiden getrieben hat.«

Das klingt aufregend und meine Spannung wächst von Stunde zu Stunde. Ich erkläre Jean, dass ich Schafe bislang nur als Hauptgang eines köstlichen Menüs kennen gelernt habe. Er findet das erheiternd, gibt aber zu: »Jeder Schäfer liebt auch zugleich das Fleisch seiner Tiere, andernfalls würde er den Beruf wohl kaum ausführen. Beides gehört zusammen, und was gibt es Anständigeres als seine Freunde zu verzehren, wenn ihre Zeit gekommen ist?«

Erneut lacht er los, und ich schließe mich ihm an. Will mal hoffen, dass sich seine Aussage nur auf Schafe bezieht!

Dann brechen wir endlich auf. Gegenüber der ehemaligen Burg der Planisolles führt ein uralter Weg direkt ins Gebirge hinein. Stellenweise ist er kaum noch zu erkennen, aber Jean scheint sicher zu wissen, wohin er seine Schritte lenken muss. Von Anfang an geht es steil bergauf, doch wandern wir heute auf einem in seiner Art völlig anderen Weg als dem von gestern nach Nébias. Der war zwar auch alt, aber vermutlich für Touristen ein wenig »geglättet« worden.

Jean zeigt auf einen Pass, der zum Greifen nah erscheint. »Dort hinauf müssen wir heute. Ich denke, René wartet bereits auf uns. Es gibt eine alte *cabane* dort oben, in der wir die erste Nacht verbringen werden.«

Er hat einfach einen zu gesunden Schritt, fluche ich in Gedanken. Wenn er so weiterläuft, werde ich mehr und mehr zurückbleiben. Aber Jean hat ein Einsehen mit mir. Geduldig wartet er, bis ich nachgerückt bin und mich nach kurzem Verschnaufer weiter vorwärtsquäle.

»Treibst du Sport?«

»Ab und zu etwas Billard mit meinem Sohn!«

»Ah ja!«

Ich schwitze, fluche auch manchmal laut und folge Jean, der anfangs gute 20 Meter vor mir läuft. Ich weiß, dass ein jeder sein Schritttempo selbst bestimmen muss und maule deshalb nicht. Außerdem könnte ich mich ohnehin kaum mit ihm unterhalten. Zu knapp der Atem und zu schlaff meine Kondition, die vor allem unter dem schweren Gepäck mehr und mehr nachlässt. Ich tröste mich mit dem Gedanken, dass das Ziel nicht mehr weit ist und dass wir an den anderen Tagen weniger schnell unterwegs sein werden, weil wir ja Schafe durchs Gelände führen. Und warum sollten die rennen, als wäre der Wolf hinter ihnen her?

Die Natur zeigt sich rau und ungezähmt. Viel Wald, in den keinerlei Wege hineinführen und der keinerlei Forstwirtschaft zu unterliegen scheint. Viele vom Blitz zerstörte Bäume, entwurzelte Bäume, Felsen, die Riesen hier als Hindernisse in den Weg gelegt haben. Häufig genug müssen wir sie weiträumig umgehen. Dann kreuzen Bäche unseren Weg, die wir auf Trittsteinen überqueren müssen. Zuletzt weicht der Wald dem nackten Fels, und Jean führt mich an eine Stelle, von wo aus ich weit in die Tiefe blicken kann. Hier beginnt die kilometerlange Schlucht von Rebenty, die von jeher eine sichere Barriere für die

Menschen des Plateaus gewesen ist. In der Ferne erkenne ich auf der anderen Seite der Schlucht einige kleine Ortschaften wie beispielsweise Mérial oder noch weiter dahinter Niort de Sault.

Wir steigen jetzt ein enges Tal hoch, von dem aus der letzte Anstieg zum Col du Pradel erfolgen soll. Noch einmal wird es richtig hart für mich, denn ich bin nun einmal kein Trecking-Fan. Vor uns ragt der Pic de Serembarre mit seinen knapp 1900 Metern auf, an dessen Ostflanke der ehemalige Weg der Schäfer von Montaillou entlangführt. Eine teils unsichere Angelegenheit, weil viele Steinlawinen in den letzten Jahren abgegangen sind, die nun den Weg für Wanderer erheblich erschweren.

Freiwillig läuft hier heutzutage niemand mehr her, denke ich. Ich stelle mir vor, dass wir nach dem Vorfahren von Jean die Ersten sind, die sich hier heraufquälen. Mich stört meine Baskenmütze, weil ich darunter schwitze, und es juckt, als ob ich Läuse hätte. Mein Sohn Christopher fällt mir ein, der wie viele Kinder bei langen Autofahrten immer wieder die Frage stellt: »Wann sind wir endlich da?«

Jean ist stehen geblieben und deutet auf eine Quelle, die direkt vor uns aus dem Boden sprudelt. Meine Freude ist grenzenlos. Ich trinke, ich schütte mir immer wieder Wasser ins Gesicht, ich tauche meine Hände tief in das frische Wasser hinein. Wie herrlich das kühlt! Ich bin erlöst, erleichtert, gerettet, wenn auch nur für diesen Augenblick. Aber es ist wunderbar angenehm und den letzten Rest dieses Aufstiegs werde ich jetzt auch noch hinter mich bringen.

»Dort oben ist der Col!« Jean zeigt mit seinem langen Stab auf ein Joch zwischen zwei Gipfeln.

»Und wie kommt dein Bruder René mit den Schafen dorthin?«

»Von der anderen Seite führt eine kleine Straße oder besser ein Feldweg herauf.«

Und warum sind wir dann nicht bis dorthin gefahren, denke ich ein wenig mürrisch? Aber warum sollte man es sich auch immer so einfach machen. Schließlich geht es ja darum, einige alte Wege der Schäfer und Katharer abzulaufen. So rede ich mir gut zu und nehme dann die letzte Etappe in Angriff. Noch einmal wird der kaum vorhandene Pfad unglaublich steil und, als ein heftiger Wind den Hang herab auf uns zu braust, noch unangenehmer.

Schließlich erreichen wir das Joch, und ich sehe zu meiner Rechten am Hang eine kleine Schafherde grasen. Zwei Hütehunde liegen ein wenig abseits davon und auf einem Stein hockt Jeans Bruder, der uns zuwinkt. Beim Anblick der Herde wird mir zwar ein wenig mulmig, weil ich im Schafehüten blutiger Laie bin und mit den Tieren demnächst umgehen muss, aber ich habe ja immerhin einen anerkannten Schäfer bei mir, beruhige ich mich.

»Hallo, da seid ihr ja endlich. Ich wollte mit der Herde schon wieder absteigen, weil ich dachte, ihr kommt nicht mehr.«

René lacht und begrüßt uns dann freundlich. Sein Kommentar war natürlich nicht ernst gemeint. Wenig später bietet er uns heißen Kaffee an, den er im Topf über einem offenen Feuer gekocht hat. Ich greife dankbar nach dem dampfenden Blechnapf. Der Kaffee schmeckt ein wenig bitter, aber er macht auch wieder munter. Während die beiden Brüder einige private Dinge miteinander zu klären haben, schaue ich mich in der Umgebung um.

Schon bald habe ich die *cabane* oder auch *capitelle* genannte Schäferhütte entdeckt. Sie schmiegt sich dicht an einen Felsen und bot den Schäfern in früheren Zeiten Schutz vor der Wit-

Alte Schäferhütte.

terung. Die *cabane* am Col du Pradel ist erschreckend klein – jedenfalls kommt sie mir so vor – und wurde kunstvoll aus Steinen in einer Art Bienenkorbtechnik errichtet. Kein Tropfen Wasser dringt durch das Dach, obwohl es keinerlei Isolierung aufweist. Ein kleines Kunstwerk, das in den Bergen ausgezeichneten Schutz bietet. Dabei wirkt das steinerne »Hüttchen« auf uns Heutige eher wie eine zu groß geratene Hundehütte. Ein Beweis dafür, dass die Menschen vor Jahrhunderten eher kleinwüchsig und schmächtig waren und ein gut genährter, hoch gewachsener Mann des 21. Jahrhunderts eher Platz für zwei mittelalterliche Menschen beansprucht.

Jean und René gesellen sich zu mir und Jean inspiziert den kahlen, trockenen Raum der Hütte, der uns beide für eine Nacht aufnehmen soll.

»Man mag es heute wirklich kaum glauben«, erklärt Jean, »aber sieben Schäfer teilten sich mitunter so eine *cabane* wie diese, vielleicht ein wenig größer gebaut. Auch das wissen wir aus den Inquisitionsprotokollen durch meinen Vorfahren Pierre. In jeder *cabane* gab es den Hüttenobmann, der für die Produktion von Schafskäse zuständig war. Speck und Lammfleisch, Linsen und Brot, Wein und Ziegenmilch gehörten zu einer typischen Schäfermahlzeit. In jeder noch so kleinen *cabane* gab es eine Kochecke, eine Ecke für die Kleider, eine Schlafecke. Schäfer bewirteten ihre Freunde oder Besucher in der Hütte – wie beispielsweise umherwandernde Vollendete, die Priester der Katharer. Das System der pyrenäischen *cabanes* reichte bis weit ins südliche Andalusien. Für die Schafe gab es einen *cortal,* einen aus Ästen und Steinen errichteten Verhau, der Schutz gegen Wölfe, Bären und Luchse bieten sollte.«

Ich bin beeindruckt und male mir das Leben der Schäfer in diesen winzigen Hütten aus. Wenig amüsant. Andererseits wärmten sich die Männer im Winter gegenseitig, obwohl oft auch zu lesen ist, dass sie oftmals, wenn die Temperaturen sehr tief fielen, Erfrierungen an Armen und Beinen davontrugen. Aber das nahmen sie alles in Kauf, denn niemand war freier als sie.

Leibeigene ihres Herrn waren die Schäfer nicht. Verträge wurden mündlich geschlossen. Zudem hatten die Schäfer die Möglichkeit, über eigene Tiere zu verfügen, sich also im Laufe der Zeit eine eigene Herde zuzulegen, vor allem da Wolle und Schafe zu jener Zeit die Währung darstellten. Generell wurden Schäfer jedoch mit Lebensmitteln entlohnt. Außerdem durften sie einen Teil der Wolle behalten. Der Verkauf dieser Wolle ermöglichte es den Schäfern häufig, ihre Schulden zu mindern.

René hilft mit, die alte Hütte etwas gemütlicher zu machen. Er hat zwei Ballen Stroh aus seinem Wohnort Mérial mitgebracht. Damit bedecken wir den Boden, der aus festgestampfter Erde besteht. Anschließend werden unsere Schlafsäcke darauf ausgebreitet.

»Das ist Luxus pur!«, betont Jean mehrmals und weist darauf hin, dass die Schäfer der letzten Jahrhunderte, die hier ihre Tage und Nächte verbrachten, weder Decken noch Thermoschlafsäcke kannten. »Sie kleideten sich in Schaffelle und schliefen auch auf und unter Schaffellen. Mehr nicht!«

Ich frage mich, wie die hier früher Feuer gemacht haben, denn einen Rauchabzug kann ich in der fest gefügten, kuppelförmigen Decke nicht erkennen. René behauptet, dass der Qualm durch die offene Tür abzog. Doch wir haben zwei kleine Gasbrenner dabei, sodass sich die Frage, wohin mit dem Rauch, nicht stellt. Zuletzt trinken wir alle noch ein Glas Rotwein, schwatzen über dies und das, bevor sich René von uns verabschiedet. Vom Bergkamm aus ist er ohne seine Herde in knapp einer Stunde Fußmarsch wieder zu Hause.

Danach müssen wir uns um die Schafe kümmern. Jean meint: »Wir lassen sie noch ein Weile an den Hängen grasen, danach sperren wir sie in einen kleinen *cortal.*«

Er kennt eine Stelle, wo sich ein solcher Verhau mit wenigen Ästchen und Steinen errichten lässt. In der Nähe unserer Hütte liegen auch noch einige längere, halbmorsche Holzstangen, die irgendwer vor langer Zeit dort hinterlassen hat. Wir benutzen sie, um einen Bereich in der Nähe der Hütte so abzusperren, dass die Schafe nachts darin bleiben können.

»Um ehrlich zu sein, könnten wir die Tiere auch im Freien lassen«, meint Jean »ohne einen Zaun. Die Herde ist sehr klein und der Zaun, wenn auch erheblich verstärkter als jetzt, hatte früher hauptsächlich den Zweck, wilde Tiere von der Herde fern zu halten. Dass wir jetzt einen kleinen Pferch bauen, ist aber nicht nur Luxus, sondern eben doch sicherer. Schafe bleiben zwar bei der Herde, vor allem nachts, aber ich will einfach nichts riskieren.«

Wir legen den Pferch an, der auf natürliche Weise von zwei Seiten durch Felsen gebildet wird. Während wir Steine aufhäufen, um die Stangen darauf legen und befestigen zu können, kommt mir der ursprüngliche Zweck meiner Wanderung durch das Gebirge wieder in den Sinn. Jean Maury wollte mir den Fluchtweg jener Katharer zeigen, den diese kurz vor dem Fall von Montségur genommen haben sollen. Örtliche Legenden wollen wissen, dass vier Männer von der belagerten Burg aus zunächst über die Montagne de la Frau mit der gleichnamigen Schlucht und ihren gelblichen Kalkhängen, danach über den hoch gelegenen Felsdurchbruch Pas de l'Ours nach Montaillou geflohen sein sollen.

Von dem Dorf der Schäfer aus werden sie unseren heutigen Weg eingeschlagen haben und durften sich dabei sicher wähnen, weil solche Pfade in der Vergangenheit ausschließlich von jenen Menschen benutzt wurden, die mit ihren Herden umherzogen. Für die Soldaten des Königs waren diese Weg schon deshalb viel zu gefährlich, weil sie fremd in dieser Region waren und nicht wussten, wohin die Pfade führten. Kaum sichtbar im Gelände blieben sie einzig den Schäfern und den von ihnen eingeweihten Katharerpriestern vorbehalten.

Also überlege ich, ob wohl die vier Flüchtlinge vom Montségur, auch an dieser *cabane* vorbeigekommen sind. Und hatten sie ihre kostbare Fracht dabei – den geheimnisvollen Schatz –, nach dem seit 800 Jahren fieberhaft gesucht wird? Bestand er aus Gold oder war er eher ideell? Ein Glaubensgeheimnis?

Niemand weiß es. Könnten diese vier wagemutigen Männer, die sich von den schwindelerregenden Höhen des Montségur abgeseilt haben, wirklich hier in der Hütte übernachtet haben? Ich frage Jean danach.

Er überlegt lange und sagt dann: »Falls die Legende stimmt, werden sie keinen anderen Weg als diesen hier gewählt haben. Das ist das eine. Was das Alter der im ganzen Ariège- und Audegebiet verteilten *cabanes* angeht, so ist man völlig unsicher darüber. Nördlich von Carcassonne hat eine private Initiative viele *cabanes* in der Nähe des Dorfes Conques wieder aufgebaut. Man kann sie dort auf einem Rundweg besichtigen. Generell gilt, dass fast alle diese alten Hütten ziemlich baufällig sind. Wie alt die unsrige hier ist, weiß niemand ganz genau zu sagen. Sie könnte achthundert Jahre alt sein oder auch nur zweihundert. Das werden wir wohl niemals herausfinden.«

Ich will einfach mal glauben, dass diese kleine steinerne Hütte, die uns für eine Nacht aufnimmt, bereits seit den Tagen des Falls von Montségur besteht. Jedenfalls wirkt sie auf mich sehr mittelalterlich. Aber ich weiß auch, dass das eine vollkommene Täuschung sein könnte – so wie der Palast von Knossos auf Kreta wirklich so ausgesehen haben könnte, wie man ihn heutzutage sieht. Dabei ist seine Rekonstruktion reinste Fantasie und gleicht nur scheinbar oder auch überhaupt nicht dem ursprünglichen Palast des alten kretischen Herrschers. Aber sehr beeindruckend sieht er trotzdem aus!

Während ich vor meinem geistigen Auge die Flucht der Katharer vom Montségur bis an diese Stelle am Col du Pradel noch einmal Revue passieren lasse, erinnere ich mich an meinen ersten Aufstieg auf den Montségur, den »Sicheren Berg«, zusammen mit Ehefrau und Kind.

Der Montségur – Berg des Heils

»Finden wir dort noch die alten Knochen von den verbrannten Katharern?«, fragt mich mein zehnjähriger Sohn Christopher. Wir sind mit dem Auto unterwegs und haben nach Quillan den Col du Portel und seinen kurvenreichen Aufstieg hinter uns gelassen. Nun fahren wir auf einer Hochebene, die sich uns grün, sanft, mit saftigen Wiesen, durchzogen von kleinen Flüssen zeigt, ein starker Kontrast zu den gerade im Sommer trockenen, graugrünen Corbières. Schon von weitem erkennen wir die Silhouette einer Burg, Puivert, wo im Mittelalter bekannte und weniger bekannte Troubadoure den katharischen Herrschaften ihre Kunst auf der Laute darbrachten.

»Schon bemerkenswert«, meint Christiane, »dass den Reinen die Musik nicht als etwas Teuflisches erschien. Immerhin kann sie die Menschen ebenso verführen wie der Wein oder ein saftiger Wildschweinbraten.«

»Vermutlich hielten sie die Musik für etwas Immaterielles, was sie ihrem Wesen nach ja auch ist«, erwidere ich. »Und folglich gehört sie der göttlichen, reinen Sphäre an!«

»Gott, wie klug du heute wieder bist!« Das macht das Land, zweifellos!

Puivert, halb verfallen, ist zwar, wie gesagt, auch eine Katharerburg, aber sie besitzt nicht den festungsartigen Charakter der anderen Burgen. Puivert muss man nicht irgendwo hoch oben auf einem schroffen Berggrat zwischen Himmel und Erde suchen. Es steht fest verwurzelt in der Landschaft und von seinem Turm aus hat man einen weiten Blick über die sanft hügelige Hochebene. Puivert, so hat mir mein südfranzösischer Freund Tony Cassius erklärt, bedeutet »grüner Hügel«. Tony ist Maler und er mag die Burg und diesen Teil der Pyrenäen besonders gern, weil seine Flora das nahe Mittelmeer ahnen lässt.

Wir wollen kurz auf dem Besucherparkplatz anhalten, um ein Foto vom Eingang der Burg zu machen, als wir unverhofft auf eine ganze Truppe Gendarmen stoßen. Großeinsatz, Razzia, Terroristen in Puivert? Weit gefehlt! Sehr schnell fallen uns ausgebreitete, große Decken auf der nahen Wiese auf. Die Polizisten der näheren und weiteren Umgebung veranstalten hier offensichtlich ein nettes Picknick. Und weil Schriftsteller nun einmal neugierig sind, frage ich einen der Gendarmen nach der munteren Veranstaltung im Freien.

»O ja, ein Großeinsatz, aber der angenehmen Art«, antwortet er und lacht. »Wir haben die Kollegen aus Quillan eingeladen, um sie ein wenig näher kennen zu lernen. Und was ist dafür geeigneter als ein ungezwungenes Picknick hier vor der alten Burg?«

Nicht schlecht gewählt! Vor allem wird es den Burggeistern gefallen, war doch Puivert schon immer ein Ort für gemütliches Beisammensein. Als dann noch zwei, drei Polizisten ein französisches Volkslied anstimmen, meine ich deutlich zu spüren, dass sich der hohe, wuchtige Turm von Puivert im Takt dazu bewegt.

»Puivert«, so schreibt der französische Dichter Michel Roquebert, »ist ein Hafen der Poesie auf dieser Reise von Feuer und Blut.« Die Geschichte hat hier sicher mehr Tanz und Gesang als Kampfgeräusche festgehalten.

In der Ferne locken die Gipfel des mächtigen Gebirgsmassivs. Um diese frühe Jahreszeit tragen die Pyrenäen noch Schnee, der gegen den blauen Himmel glitzert. Mit den Füßen stehen wir im saftigen Gras, während sich unsere Augen an dem kalten, funkelnden Weiß erfreuen. Unsere Fahrt geht weiter. Und schon bald, irgendwo vor den hohen Bergen dahinter, als markierte sie die Grenze zum Hochgebirge, hat Christopher die sagenumwobene Festung Montségur entdeckt. Ich erinnere mich an seine unbeantwortet gebliebene Frage nach den Überresten der verbrannten Katharer.

»Knochen oder die Asche der Toten von 1244 wirst du dort nicht mehr finden«, sage ich jetzt. »Die hat der Wind im Laufe der letzten Jahrhunderte über die ganze Gegend verteilt. Aber du wirst den Ort sehen, an dem das alles geschah.«

Mein Sohn nickt ganz aufgeregt und schnürt seine Schuhe zu, weil es bald wieder Zeit zum Aussteigen ist.

Die uneinnehmbaren Mauern der Burg Montségur.

Der Montségur liegt auf einer 1207 Meter hohen Felsspitze und ist für eine Festung ein nahezu genialer Platz. Niemand konnte sie dort oben – einem fast unzugänglichen Adlerhorst vergleichbar – im Mittelalter erobern, denn für eine damalige Armee lag sie einfach unerreichbar. Weder Fußtruppen noch Katapulte konnten ihre hohen Mauern überwinden. Ich gebe mich keinen Hoffnungen hin, dass wir allein oder fast allein den »heiligen« Berg ersteigen werden.

»Du meine Güte!«, ruft Christiane erschrocken aus und zeigt auf die zahlreichen Autos in der Ferne. »Sind wir hier etwa am Mont Saint-Michel in der Normandie oder gar am Eiffelturm?« Magische Orte ziehen die Menschen nun einmal an, denke ich.

Diese Festung für die Sieger, dieser Tempel für die Besiegten, ist heute einer der am meisten besuchten Orte Frankreichs und war einstmals das geistige Zentrum des Katharertums. Für den König von Frankreich und den Papst in Rom war der Montségur das »Haupt des Drachen«, das man mit Feuer und Schwert vernichten musste.

Von Belesta kommend, parken wir oberhalb des Dorfes Montségur, das sich mit seinen rot gedeckten Hausdächern längs der Serpentinen einer Straße ausdehnt. In einem Haus hatte bis Ende der 90er Jahre ein Antiquar sein Geschäft gehabt; ein kauziger Typ, der meistens griesgrämig jedem begegnete, der seinen Laden betrat. Das sollte wohl all jene abschrecken, die nur hereinschneiten, weil sie hier irgendwelche dummen Andenken vermuteten. Katharer-Kitsch zu verkaufen, ist für manchen ein lohnendes Geschäft. Léon war nicht so, denn er wusste viel Interessantes von den Katharern und Templern zu erzählen, und wenn er merkte, dass man Interesse nicht nur vortäuschte, dann zeigte er einem auch seine seltensten Bücherschätze. Darunter auch eine Gott weiß wie alte Ausgabe des »Geheimen Mahls«, in der die Katharer ihre wichtigsten Themen in Geschichten und Parabeln zusammengefasst hatten. Seine Ausgabe schien sehr, sehr alt zu sein und damit auch sehr, sehr wertvoll. Für mich ist Léon immer eine intellektuelle Institution und spirituelle Quelle am Fuße des »Sicheren Berges« gewesen. Eines Tages jedoch war er verschwunden und sein Geschäft verwaist.

»Wo ist er abgeblieben?«, fragte ich den Wirt des einzigen Restaurants in Montségur.

»Er wollte den Bürgermeister ermorden. Nun hockt er im Gefängnis. Er war hier im Dorf ein Störenfried mit seinen katharischen Ideen!«

Armer Léon! Leider konnte ich niemals in Erfahrung bringen, was an den Anschuldigungen gegen ihn der Wahrheit entsprach.

Oberhalb des kleinen Dorfes markieren zahlreiche Parkstreifen auf beiden Seiten der Straße Haltepunkte für Busse und Pkws. Wir stellen das Auto ab und begeben uns danach auf den einzigen steilen Weg hinauf zum Pog, wie der Gipfel mit der Burg auf Okzitanisch, der alten Sprache dieser Region, heißt.

Gleich der erste Anstieg zwingt uns schon nach wenigen Metern zu einer kurzen Rast vor dem kleinen Monument, das man hier zu Ehren der verbrannten Katharer aufgestellt hat. Kleine Blumengebinde neben dem Mahnmal, auf dem so genannten »Camp des Crémats« lassen erahnen, dass ihr gewaltsamer Tod noch heute viele Menschen berührt. Christopher zupft einige Wiesenblumen und legt sie andächtig daneben.

Dann geht es weiter. Der schmale Weg ist steinig, bei Regen sicherlich rutschig und wird beiderseits von dichtem, schier

Mahnmal für die verbrannten Katharer.

undurchdringlichem Gebüsch gesäumt. Nach einem weiteren Aufstieg gibt es eine Überraschung: In einer Holzhütte sitzt ein Mann und streckt uns gierig die Hände entgegen. Er kassiert den Eintrittspreis für den Gang auf den Montségur. Ich beschwere mich darüber: »Gibt es denn hier nichts mehr kostenlos?«

»Letzte Woche hätten Sie noch unentgeltlich hinaufgekonnt, Monsieur. Aber seit dem ersten 1. März hat die Saison begonnen.« Und ab dann wird nun einmal abkassiert. So sei's denn.

Während wir schnaufend und keuchend den steilen Stolperweg hinaufsteigen, gehen mir die mehr als 200 Männer, Frauen und Kinder nicht aus dem Sinn, die hier einst herabgestiegen sind. Sie hatten den Montségur verlassen, um am Fuße ihres Berges einen »Kraal« von Palisaden zu betreten. Brennende Reisigbündel wurden von den Inquisitoren hineingeworfen, die alles unter sich in einem Flammenmeer begruben und bis zur Unkenntlichkeit verbrannten. Nur weil Menschen ihrem Glauben nicht abschwören wollten! Ich sehe die Totgeweihten vor mir, aber zu meinem Erstaunen sind sie nicht bedrückt oder ängstlich. Im Gegenteil! Sie singen, sie sind gelöst, sie haben sich bereits auf eine bessere Welt eingestimmt.

»Jetzt hätte ich Durst auf eine Cola!«, ruft mich die Stimme des Zehnjährigen in die Wirklichkeit zurück. »Gibt es dort oben ein Restaurant, Papa?«

Gottlob nicht! Dort oben gibt es nur graue Mauern, eine weite Aussicht, viel Wind und eine tragische Geschichte.

Es verwundert, dass der Montségur erst so spät ins Blickfeld der Inquisition gerückt ist. Erst 1241 wurde Raymond VII. der sich verpflichtet hatte, die Häresie, also die Ketzerei, zu bekämpfen, von Ludwig IX. aufgefordert, die Burg zu zerstören.

Er führte jedoch nur eine symbolische Belagerung von wenigen Tagen durch.

Die Katharer vom Montségur treten 1242 erstmals politisch in Erscheinung, als sie unter Führung von Roger de Mirepoix in Avignonet die Mitglieder des Inquisitionsgerichtes erschlugen. Daraufhin beschloss das Konzil von Béziers Anfang 1243, Montségur zu zerstören. Ab Mai 1243 wurde die Burg von 6000 Mann unter der Führung von Hugues des Arcis, Seneschall von Carcassone, und Pierre Amiel, Erzbischof von Narbonne, belagert. Bei Wintereinbruch war Montségur, auf Grund der geografischen Gegebenheiten und der Größe der Anlage, die viele Kräfte band, noch immer nicht gefallen. Es wurden von den Angreifern deshalb Söldner aus der Gascogne angeworben, die sich des Ostturms der Burg bemächtigen konnten. Nun wurde hier eine Wurfmaschine errichtet. Aber auch in der Burg wurde solch eine Maschine erbaut, die diesem Katapult Widerstand leistete. Besonders blutige Kämpfe fanden auf dem Gipfel des Berges statt. So dauerte die Belagerung noch zwei Monate, bis die Lebensbedingungen in der Burg die Belagerten zwangen, die Übergabe zu verhandeln.

Vom Katharerführer Roger de Mirepoix wurden relativ günstige Übergabebedingungen ausgehandelt, denn auch die königlichen Truppen waren von der Härte des Winters schwer mitgenommen. Das Verhandlungsergebnis sah vor, dass alle Bewohner der Burg freikämen, wenn sie ihrem Glauben abschwörten. Das war mit Ausnahme von Roger de Mirepoix für alle anderen Katharer auf dem Montségur jedoch nicht annehmbar.

Am Morgen des 16. März 1244 wurde Montségur nach einem Waffenstillstand von zwei Wochen an die Belagerer übergeben. Die 205 Katharer, darunter ihr Bischof Bertrand Marty, wurden auf dem Scheiterhaufen verbrannt.

Vier Vollkommene wurden von Pierre Roger de Mirepoix entgegen der Übergabebedingungen versteckt und konnten mit dem schon erwähnten »Schatz von Montségur« fliehen. Es ist bis heute nicht bekannt, worum es sich bei diesem Schatz eigentlich handelt. Die einen sprechen von Gold, die anderen von einem ketzerischen Geheimnis und spekulieren, dass es sich dabei um den Stammbaum der Nachkommen Jesu gehandelt habe. Die lokalen Legenden wollen sogar wissen, dass sich das Geschlecht der Merowinger auf eine Abstammung von Jesus von Nazareth berufen kann. Ein solcher Schatz der Katharer stellte eine ungeheure Provokation für die katholische Kirche dar.

Auf dem benachbarten Berg Bidorta hatten die vier, dem Massaker entkommenen Katharer vor der Übergabe der Burg ein Feuer entzündet als Zeichen dafür, dass die Eingeschlossenen nun in Frieden sterben konnten. Über Caussou und Montaillou erreichten die Männer die Burg von Usson, danach verliert sich ihre Spur.

Nach der Belagerung wurde Montségur von der Familie de Lévis übernommen, der sie von Simon de Montfort, dem brutalsten Gegner der Katharer, schon zu Beginn des Krieges gegen die Ketzer zugesprochen worden war.

Als wir nach einer halben Stunde Fußmarsch schließlich die Burg erreichen, treten wir durch ein Tor in den großen, schiffförmigen Innenhof. Niemand weiß ganz genau zu sagen, wie es hier einst ausgesehen hat. Standen hier Holzkonstruktionen, die das Dach gehalten haben? Hat es hier irgendwelche Wohnungen gegeben oder befanden die sich alle in dem angrenzenden Wohnturm? Über eine Treppe kann man bis auf den obersten Mauerrand steigen, was alles andere als angenehm ist, denn die Treppensteine wirken porös und wenig Vertrauen erweckend. Aber der Ausblick ist grandios. Wer hier oben steht, fühlt sich dem Himmel, der Sonne näher! Einen Sonnenkult sollen die Katharer vom Montségur gehabt haben, aber Genaueres ist darüber nicht zu erfahren. Falls es diesen Sonnenkult wirklich gegeben hat, dann hat die Burg einen doppelten Zweck erfüllt: nämlich zu schützen und zugleich Tempel zu sein – ein wahrer Leuchtturm der Häresie.

Später trete ich durch die nördliche Ausfallpforte auf eine tiefer liegende überstehende Terrasse, die den Berg von dem auf dieser Seite Schwindel erregenden Abgrund trennt. Hier stoße ich auf zahlreiche Ruinen ehemaliger Katharerhütten, die im überwuchernden Grün versteckt liegen und die es sonst nirgendwo im Land mehr gibt. Einige wenige hat man bereits ausgegraben.

Nach einer Verengung zwischen zwei Schluchten erweitert sich das Gebirge an der Nordwestseite von neuem und setzt sich in einer großen Kuppe fort, die mit undurchdringlichem Gestrüpp bewachsen ist. Hier hatten die Katharer einst ein befestigtes Bauwerk angelegt, das die Hütten auf dem Plateau schützen sollte. 1244 wurde dieser Schutzturm jedoch erstürmt und die katholischen Truppen metzelten die Reinen in ihrem Dorf nieder. Nur wenige konnten sich in die sichere Burg retten.

Als ich im dichten Gestrüpp nach jenen kleinen ehemaligen Behausungen der Katharer suche, die man noch nicht ausgegraben hat, habe ich den Eindruck, dass sie sich noch immer in dem Zustand befinden, wie die Eroberer sie zugerichtet haben.

Ausgrabungen um den Montségur herum haben Gegenstände aus dieser Epoche zu Tage gefördert: Löffel, Kämme, zahlreiche Nägel. Abseits dieser überwucherten Häuser entdecke ich in einer Karsthöhle alte Werkstätten, in denen früher Wurfgeschosse hergestellt worden sind. Auch befinden sich hier drei in den Stein gehauene Stufen, die scheinbar ins Nichts führen. Wozu sie einmal gedient haben, weiß niemand zu sagen. Eine sich im Fels befindliche Zisterne hatte die Menschen mit Wasser versorgt, denn Regen hat es hier zu allen Zeiten immer reichlich gegeben.

»Hilfe! Hilfe!«, höre ich plötzlich meinen Sohn schreien. »Eine Schlange! Da ist eine Schlange!«, ruft er aufgeregt und zeigt auf eine Stelle am Boden. Tatsächlich schlängelt sich eine Natter nur wenige Metern von ihm entfernt eilig durchs Gras und rettet sich ins nahe Gebüsch. Die Katharer glaubten, dass besonders böse Menschen als Schlangen wieder geboren würden. Die Vorstellung, dass sich der Eroberer des Montségur, Hugues des Arcis, sich in dieser Form vielleicht bis auf den heutigen Tag inkarnieren muss, hat für mich etwas Tröstliches. Also sei bloß vor den Füßen der zahlreichen Touristen auf der Hut, Schlächter der Katharer, denke ich im Stillen!

Der Abstieg ist weniger beschwerlich als gedacht. Vor allem, weil der Boden trocken ist. Ein wenig geraten wir hin und wieder ins Rutschen, aber das ist kein Problem. Nicht weit von unserem Auto hat eine Frau ihren Wagen geparkt und verkauft Ziegenkäse in sämtlichen Reifestadien. Wir probieren ihn und sind begeistert. Jetzt fehlen nur noch *vin rouge* und ein *baguette*.

»Und für mich gibt's Orangina!«, erklärt Christopher begeistert. »Weil sie schmeckt und ich die Glasflasche, die wie eine Birne aussieht, Onkel Herbert schenken kann. Der mag sie so gerne als Blumenvasen.«

Und während wir uns von unserem Tagesziel entfernen, ruht das Schiff Montségur stolz und den Zeiten trotzend auf seinem hohen Ankerplatz wie die sagenhafte Arche auf dem Ararat. Wirklich gefunden hat man beide bislang nicht!

Meine Tagebuchaufzeichnungen

Am ersten Tag unserer Wanderung durchs Gebirge beginne ich, Tagebuch zu führen.

17. Mai

Der Aufstieg zum Col du Pradel von Montaillou aus war grausam. Vermutlich übertreibe ich gewaltig, aber es hat mich ziemlich geschafft. Hoffe, dass es in dieser anstrengenden Weise nicht weitergeht! Jean – die Rennziege – verhält sich mir gegenüber fair. Sein Bruder René war an vereinbarter Stelle mit der Herde. Ich hatte angenommen, dass unsere Wanderung mit den Tieren ein Arbeitsauftrag sei und keine Inszenierung für mich. Aber vielleicht täusche ich mich ja auch, denn wie soll die Herde wieder zurückkommen? Ich werde Jean nicht danach fragen und warte es gelassen ab. Am Abend in unserer Cabane gab es eine zünftige Schäfermahlzeit: Käse, Wein, Brot, aber Jean haute auch vier Eier mit etwas Speck in eine Bratpfanne. Es schmeckte köstlich.

Anschließend redeten wir noch etwas über mein Lieblingsthema: Templer und Katharer. Jean meinte, dass vieles darüber reine Spekulation sei. Ich zeigte ihm einige Fotos, die ich von seltsamen Köpfen oder Symbolen in Kirchen und ehemaligen Templerhäusern in ganz Frankreich gemacht habe und Jean war beeindruckt. Doch ob sie allein rechtfertigen, dass der

Templerorden wirklich einen ketzerischen Glauben hatte, wovon ich zutiefst überzeugt bin, bezweifelt Jean. Wir diskutierten recht hitzig, weil ich meinen Standpunkt entschieden verteidigte. Dabei wurde die Literflasche Rotwein geleert.

Plötzlich fiel uns ein, dass ja die Schafe noch draußen weideten. Wir hatten die Tiere vollkommen vergessen. Eilig trieben wir sie mit Hilfe der Hunde in unseren provisorischen Pferch. Im Dunkeln war das alles andere als leicht. Einige Male rutschten wir beide aus und fielen der Länge nach hin. Am Ende waren alle Tiere eingesperrt und wir beide hockten auf der Erde vor dem Gatter und lachten uns fast krank über unser Verhalten. »Gut, dass mich niemand dabei gesehen hat«, meinte Jean und prustete schon wieder los. »Ja, bin ich denn niemand?«, protestierte ich heftig. Aber ich schien nicht zu zäh-

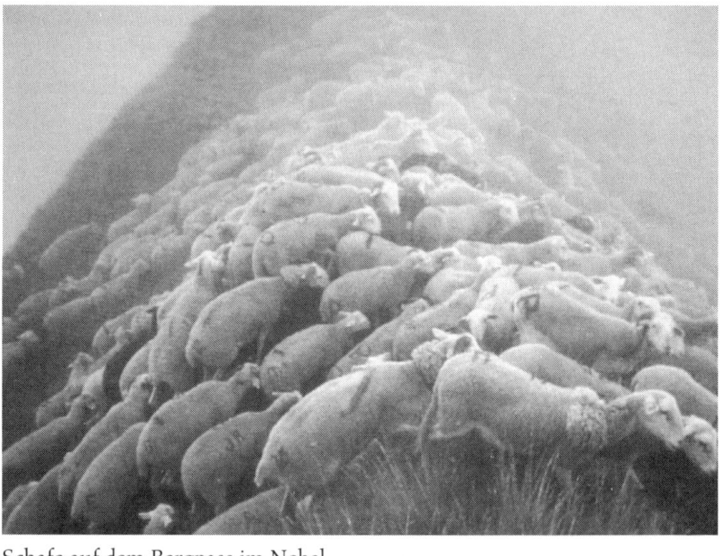

Schafe auf dem Bergpass im Nebel.

len. Am Ende krochen wir in das »Hüttchen« und dort in unsere Schlafsäcke. Alkohol und Erschöpfung ließen mich schnell einschlafen.

18. Mai

Ich wachte auf und es war bitterkalt. Eigentlich friere ich nicht so schnell, aber es war so elendig kalt in der Cabane, dass es mich am frühen Morgen samt Schlafsack hinaus ins Freie trieb. Ich kauerte mich, in den warmen Sack gehüllt, auf einem Felsen in der Nähe nieder. Jean hatte die Herde bereits ins Freie gelassen. Es war kurz vor sieben Uhr, erschreckend früh für mich …

»Muss irgendetwas sonst noch getan werden?«, frage ich, weil ich mich nützlich machen will. Jean schüttelt den Kopf. »Nein! Schafe sind sehr genügsame Tiere. Wenn du willst, kannst du uns einen starken Kaffee kochen. Ich verschwinde derweil mal kurz hinterm Busch.«

Ach ja, fällt es mir ein, ich habe ja ohne Frühstück und sanitäre Einrichtungen gebucht. Wo wäscht man sich hier eigentlich?

Etwas Wasser zum Trinken hatten wir mitgenommen. Viel war nicht mehr da, aber für den Kaffee reichte es noch. Was mochten die Schäfer vor 700 Jahren morgens getrunken haben? Wasser? Kräutertee? Oder euterwarme Ziegenmilch, weil sie auch Ziegen zu ihren *cabanes* in den Bergen mitnahmen?

Im Frühjahr vor der Aussaat ging der mittelalterliche Schäfer mit seiner Herde los und auch im Sommer nach der Heuernte. Überwintern mit Schafen in den Bergen bei jedem Wetter war üblich. Große Herden hatten oft acht bis zehn Schäfer, wobei im Sommer mehr Arbeitskräfte gebraucht wurden als im Winter. Das Aude-Tal bot sich im Winter als Wandergebiet für die Herde an, und so zog man zwischen Winter- und Sommerweiden hin und her. Der Lebensrhythmus der Schäfer wurde vom täglichen Melken und auch vom Lammen diktiert. Lämmer kamen um Weihnachten herum zur Welt, was bei einer großen Herde jedes Mal viel Arbeit für die Männer bedeutete. In einer großen Herde gab es Hammel, also kastrierte Böcke, Lämmer und die Einjährigen, die so genannten *marranes*.

Die Schafschur fand im Mai statt, im Juni und Juli wurde Käse gemacht, im Dezember kamen die Lämmer zur Welt. War die Welt der Schäfer auch hart – mitunter froren sie ganz erbärmlich in ihren Hütten oder wurden im Herbst nass bis auf die Knochen, Schlafen im Freien gehörte zu ihrem Leben –, so waren sie dennoch so frei wie die Gebirgsluft im Ariège oder in der Cerdagne. Die Unstetigkeit ihrer Arbeitsverhältnisse – häufiger Wechsel des Dienstherrn – empfanden sie nicht als bedrückend.

Schäfer hatten eher als andere die Chance reich zu werden, wobei reich sein ja bekanntlich relativ ist. Die Schäfer der Pyrenäen waren reich, weil sie sich selbst gehörten und nicht Leibeigene sein mussten wie die meisten Menschen, die sie kannten.

Beim Frühstück unterhalten wir uns über die Welt des modernen Schäfers. Jean erzählt mir, dass sein Vater ein großer Schafzüchter in Quillan gewesen sei, weshalb er als sein ältester Sohn sehr gerne den Beruf von ihm übernommen habe.

»Weißt du, als junger Bursche, da war mir so ein Leben mehr als recht. Schäfer sind Nomaden, Wanderhirten, die heute wie damals oft monatelang unterwegs sind, wobei Wolle, Vorräte,

Kleiderbündel, Axt und Stab von jeher zu ihrer Ausrüstung gehören. Ihre Grundlagen haben die Schäfer in der frühen Steinzeit. Es ist ein sehr alter und ehemals sehr geachteter Beruf. Denk an Jesus, der mit einem guten Hirten verglichen wird. Die Gläubigen sind seine Herde. Ein Schäfer übernimmt Verantwortung. Das ist mir zwar alles erst im Laufe der Jahre bewusst geworden, aber mit fünfzehn, sechzehn Jahren konnte ich mir einfach nichts Besseres vorstellen. René übrigens auch nicht. Aber meine Schwester Bernadette wollte immer studieren und ist heute Professorin für Geschichte an der Pariser Sorbonne.«

So sitzen wir beide draußen vor der Hütte, ein jeder mit seinem dampfenden Becher schwärzesten Kaffees in der Hand, schwatzen miteinander und kauen dabei ein pappiges Baguette vom Vortag. Die Luft ist erfüllt von Düften und verschiedenen Geräuschen. In der Ferne erkenne ich den fast 3000 Meter hohen Pic Carlit und meine, noch einige wenige Schneereste am Gipfel zu erkennen. Links davon der gewaltige Canigou, weiter dahinter die Gipfel anderer hoher Berge, die die Grenze zu Spanien bilden. Dann entdecke ich einen Adler am fast wolkenlosen blauen Himmel und es wirkt schon beinahe ein wenig kitschig, ihn gerade jetzt dort oben auszumachen. Sein lang gezogener Schrei dringt bis zu uns herunter und Jean meint nur: »Ein Weibchen. Es hat Hunger und muss zudem die Jungen im Horst ernähren.«

»Kannst du am Schrei hören, dass es ein Weibchen ist, oder hast du nur geraten?«

»Es ist ein Weibchen, ganz sicher«, beharrt Jean. »Ich bin so oft hier draußen und anderswo gewesen, habe so häufig Adler gesehen und gehört, ich weiß es einfach.«

»Dann weißt du doch bestimmt auch, wo hier auf dem Campingplatz die Duschen sind?«

»Na klar!« Er gibt sich ganz ungerührt. »Nur warmes Wasser gibt es nicht.« Er weist mit dem rechten Arm in eine bestimmte Richtung. »Keine drei Minuten von hier. Um diese Zeit müsste sie eigentlich angeschaltet sein. Überzeuge dich selbst davon!«

Ich springe auf, greife meinen Kulturbeutel und ein Handtuch und gehe in die angegebene Richtung. Dann meine ich etwas zu hören. Und richtig! Als ich um eine Ecke biege, sehe ich einen kleinen, aber intensiven Wasserfall vor mir. Tatsächlich ist er um diese Jahreszeit angeschaltet, wie Jean meinte. Im Sommer ist er vermutlich trocken.

Ich halte meinen Kopf unter das kristallklare, eiskalte Wasser und schamponiere ihn kräftig ein. Das Wasser erfrischt mich, und ich empfinde seine Kühle schon bald nicht mehr als unangenehm. Als ich mir die Zähne putze, blöken von weitem einige Schafe. Was für eine reizvolle Kulisse! Während ich abseits des Wasserfalls stehe, mich langsam abtrockne, die Natur um mich her betrachte, fühle ich mich in diesem Moment aufgehoben. Der Sinn der Berge, so philosophiere ich und massiere mit dem Handtuch kräftig meinen Schulterbereich, ist es, dass wir andächtig werden. Andächtig für die Welt, aus der wir kommen und die wir jetzt von erhöhter Warte aus sehen. Ein wirkliches Geschenk.

Vor der Hütte erwartet mich Jean mit der Nachricht, dass wir bald aufbrechen. »Wir werden ganz gemächlich weiterziehen, denn Zeit ist dem Schäfer kein Luxus, sondern Überfluss, der niemals endet.«

Wir säubern unseren Platz, nehmen Abfälle mit, die nicht verrotten, und vergraben den Rest an abgelegener Stelle. Zwei Pfiffe und die beiden Hütehunde scheinen begriffen zu haben, dass es uns danach drängt, aufzubrechen. Unerfahren wie ich im Umgang mit Schafen nun einmal bin, habe ich mir unseren Aufbruch mit der Herde schwierig vorgestellt, so als müsste man jedem Schaf erst vorab erklären, wo es langgeht. Doch alles geschieht vor meinen Augen wie von langer Hand eingeübt. Die Hunde wissen genau, was sie zu tun haben, und treiben sehr schnell die 30 Tiere zusammen, die Jean und ich noch einmal durchzählen.

»Keines fehlt. Los geht's!«, erklärt der Schäfer. Wir folgen einem Weg, den ich im Gelände nur ahnen kann, kein Wanderweg für Touristen. Wohin die Reise geht, weiß nur Jean, und der wiederum stützt sich auf seine jahrelange Erfahrung. Hin und wieder macht er mich auf bestimmte Dinge im Gelände aufmerksam.

»Siehst du dort vorne den kleinen verwitterten Steinhaufen auf dem flachen Felsgrund?«

Ich drehe mich um und sehe circa 30 Meter von mir entfernt drei aufeinandergestapelte Steine, die aber auch von der Natur dort so abgelagert sein könnten. So genau kann ich das auf die Entfernung hin nicht erkennen. Jedenfalls wäre ich niemals von selbst auf diesen künstlichen Steinhaufen aufmerksam geworden. Ich nicke Jean zu.

»Das ist eine Wegmarkierung. Vermutlich jahrhundertealt!«

Ich staune und freue mich zugleich. Wir sind auf dem richtigen Weg! Wo wir am Abend sein werden? Ist doch eigentlich wurscht!

20. Mai

Mutters Geburtstag. Dank Handy überhaupt kein Problem, die 1400 Kilometer weit entfernte alte Dame zu erreichen. Während sie mit Freunden am gedeckten Kaffeetisch sitzt und

Torte anbietet, kaue ich schon ewig lange auf einer Dauerwurst herum. »Soll ich dir ein Stück Sachertorte durch die Hörer reichen?«, fragt das Geburtstagskind provozierend? Das tut richtig weh! Obwohl ich meine Wanderung durch die Pyrenäen mit jedem Tag mehr genieße, bringt mich dieses unvorhergesehene Angebot aus der Welt des Hier-können-wir-alles-Kaufens völlig aus der Fassung. Es geht mir eine ganze Weile nicht mehr aus dem Kopf und quält so furchtbar wie Durst. Jean fragt mich, was ich habe. »Ich hätte jetzt gern ein Stück Sachertorte oder einen Amerikaner oder ein Mandelhörnchen oder auch alles drei zusammen.«

Er weiß nicht, wovon ich rede, und schüttelt mitleidig den Kopf. Ich lenke mich ab, indem ich mal wieder die Schafe zähle. Alle Tiere noch vorhanden! So ist es gut.

Den ganzen Tag über ziehen wir langsam, aber beständig durchs Gebirge. Die Gegend ist menschenleer. Wir durchwandern Bergwiesen, queren unterschiedlich große Waldstücke, durchwaten Bäche und kleine Flüsse und bewegen uns insgesamt auf einen hohen Berg zu, den Jean als »*le roc blanc*«, den weißen Felsen bezeichnet. Von Jean erfahre ich, dass diese Gegend schon in Urzeiten von Menschen bewohnt gewesen war. »Ich zeige dir irgendwann in den nächsten Tagen einige Felsen, wo sie vor tausenden von Jahren ihre Bilder in den Stein geritzt haben.« So was interessiert mich natürlich sehr, der ich nur zu gerne den Hobby-Archäologen mime.

Während die Herde grast und weiterzieht, je nachdem wie wir beide und die Hunde sie vorantreiben, unterhalten Jean und ich uns über das Wasser in den Pyrenäen. Es geht nicht so sehr um seine Genießbarkeit und ob es eventuell verschmutzt sein könnte, sondern um seine magische Bedeutung für die Menschen in den Tälern. Ich erfahre, dass Quellen von jeher eine große Verehrung erfahren haben, weil sie bestimmten Feen gehören, die über sie wachen. Selbst im katholischen Glauben spielen Quellen eine bedeutende Rolle, zumindest was die Pyrenäen betrifft. Lourdes ist nicht denkbar ohne das heilende Wasser, das eines Tages aus dem Erdreich der Grotte heraustrat – auf Geheiß der Madonna. Diese Quelle scheint niemals zu versiegen und sie schenkt den Menschen seit den Tagen der heiligen Bernadette ihr Wunder vollbringendes Wasser.

Eine andere Quelle, die mal kräftiger mal nur schwach sprudelt, liegt an der Straße von Belesta zum Montségur. Der »Hungerbrunnen« von Montestorbes ist eine so genannte »intermittierende Quelle« und bricht mitunter mit 1800 Litern in der Sekunde unter einer Felswand hervor – an anderen Tagen wird kaum ein Tropfen ausgeschüttet. Das Unglaublichste jedoch, was es in den Pyrenäen gibt, habe ich von Jean erfahren. Während wir an geeigneter Stelle eine kleine Rast einlegen, die Tiere sich ausruhen und friedlich grasen, erzählt er mir von seinem Verwandten Antoine, dem ein kleines Missgeschick widerfahren war.

Das Aphrodisiakum der Pyrenäen

»Jedenfalls wurde seine Frau nicht schwanger. Der Arzt konnte bei beiden keinen Grund finden und hinter Antoines Rücken erfuhren wir dann, dass es wohl hauptsächlich an ihm lag. Offenbar konnte er im Bett nicht so, wie er wollte. Das war dem Guten natürlich peinlich, er nahm allerlei Mittelchen, aber nichts half so richtig. Viagra gab es damals noch nicht. Doch wie konnte dem Ärmsten geholfen werden? Da erhielt er einen Tipp und das ausgerechnet vom Pastor. Der meinte, Gott habe für die Menschen, die in den Pyrenäen lebten, für alle Leiden ein Mittel parat, nämlich die heiligen Quellen.«

»Also fuhr Antoine nach Lourdes?«, mutmaßte ich.

»Falsch, mein Lieber! Siehst du dort hinten den Canigou, der in unserer Region das Maß aller Dinge ist? Hinter dem Canigou liegt das letzte Tal auf französischer Seite vor der spanischen Grenze. Der Fluss, der dieses kleine Tal durchfließt, ist die Tech. Arles-sur-Tech liegt fast in der Mitte dieses Gebirgstals, das Touristen kaum kennen. Und in Arles-sur-Tech gibt es eine Weltbesonderheit, um es einmal ganz bescheiden auszudrücken.«

Kunstvoll macht er eine Pause und ich betrachte aufmerksam sein spitzbübisches Gesicht. So ein altes Schlitzohr! Schäfer werden sich zu allen Zeiten ihre Erlebnisse erzählt haben, denke ich. Andererseits wird ihnen fast immer Gleiches bei ihren endlosen Wanderungen geschehen sein: Begegnungen mit Wölfen und Bären und manchmal mit fremden Menschen. Aber neben diesen alltäglichen Geschichten wird es auch immer wieder geheimnisvolle wie die von Arles-sur-Tech gegeben haben. Was kann dort Unglaubliches geschehen sein, rätsele ich?

Endlich bricht Jean sein Schweigen: »In dem kleinen Pyrenäendorf steht seit vielen Jahrhunderten ein Sarkophag aus weißem Marmor, in dem einst die Körper zweier christlicher Märtyrer – Abdon und Sennen – gelegen haben. Sie haben etwa im ersten nachchristlichen Jahrhundert gelebt. Die Heiligen selbst, beziehungsweise ihre Knochen, sind schon lange andernorts begraben worden; der Sarkophag ist also leer. Jedes Jahr Ende Oktober nun versammeln sich einige hundert Menschen in Arles-sur-Tech vor dem Sarkophag, der im Schatten der Kirche an einer Mauer steht. Es zieht sie alle wie magisch zum Heiligen Grab, wie der geheimnisvolle Sarkophag genannt wird. Denn jedes Jahr geschieht das Wunder von neuem: Selbst in Zeiten großer Hitze sickern aus dem Innern des Heiligen Grabes mehr als 300 Liter reinen Wassers, das die Menschen der Region seit Jahrhunderten als Heilung von Krankheiten aller Art verwenden. Dieses Wunder ist wissenschaftlich untersucht worden und bleibt bislang ohne Erklärung. Ein Betrug oder das Vorhandensein von Regenwasser sind ausgeschlossen worden. Das ganze Jahr über ist das Innere des Sarkophags staubtrocken, doch spätestens am 24. Oktober eines jeden Jahres gibt er sein Wasser an die Gläubigen ab.

Die Templer liebten diesen Ort in den Pyrenäen und brachten oberhalb des Sarkophags ein besonderes Relief an: Es zeigt einen bärtigen Mann, dessen Arme über der Brust gekreuzt sind und der deswegen ein wenig an einen verstorbenen Pha-

Der wundersame Sarkophag von Arles-sur-Tech.

rao erinnert. Sieht schon merkwürdig aus. Nun ja, das eigentliche Wunder an dieser Sache ist für mich jedoch die zyklische Wiederkehr des Wassers an einem bestimmten Tag im Jahr.

Antoine fuhr also nach Arles-sur-Tech, kam dort genau am 24. Oktober an und reihte sich in die Reihe der wartenden Gläubigen ein. Sie alle hofften auf ein wenig von dem kostbaren Wasser, das aus dem Sarkophag heraus sickerte.

Antoine konnte tatsächlich ein kleines Fläschchen davon ergattern und es kostete ihn nichts außer ein paar Gebete an die Jungfrau und die zwei Heiligen. Antoine steckte die kostbare Gabe in seine Manteltasche und reiste über Perpignan zurück nach Prades im Herzen der Cerdagne.

Unterwegs geschah nun einiges: Zum einen lernte er eine junge Frau kennen. Sie unterhielten sich, sie kamen immer mehr ins Gespräch, sie fanden sich gegenseitig sympathisch, sie hatten nur noch Auge und Ohr füreinander. Während sie beide von diesem und jenem erzählten, bekam Antoine plötzlich schrecklichen Durst und kramte aus seiner Manteltasche das Fläschchen hervor. Wie er später berichtete, trank er es leer, ohne sich richtig darüber im Klaren zu sein, dass es das Wasser aus dem Sarkophag war. Der Durst und die Frau hatten ihm offensichtlich die Sinne vernebelt. Und dann geschah es. Auf einmal verspürte er bestimmte Regungen, die immer stärker wurden. Und bei der nächstbesten Gelegenheit verließen er und die junge Frau den Zug und suchten sich ein abgelegenes Plätzchen. Es kam wie es kommen musste. Offensichtlich hatten sie sich kräftig ineinander verliebt.«

Jean hörte auf zu erzählen, und ich war enttäuscht.

»Aber da kommt doch noch was, oder?«

»Und wie da was kam, Franjo! Neun Monate später! Eine Katastrophe für seine Ehe, aber ein Sieg für den Glauben!«

Von Wölfen und Menschen

Nach unserem kargen Frühstück führt mich Jean mit der Herde in eine dicht bewaldete Region. Es ist der Forêt des Hares, der von zahlreichen Flüssen und Bächen, kleinen einsamen Tälern durchzogen wird und auf mich den Eindruck eines weltabgeschiedenen Märchenreiches macht. Mehrere über 2000 Meter hohe Berge bilden seine südliche Grenze. Ihr gegenüber liegt das Tal der Aude, die sich aus ihrem Quellgebiet kommend durch eine enge, labyrinthische Schlucht quält. Einige kleine Dörfer, wie Le Puch, Artigues oder Querigut, kleben an den Hängen wie graue Schwalbennester.

Genau dort, wo die Aude mit der Bruyante aus dem Fôret des Hares zusammenfließt, thront eindrucksvoll auf einem Felsen, wie ein unzugänglicher Adlerhorst, die alte Katharerburg Usson-les-Bains. Hierhin sollen sich die vier Katharer einst vom Montségur mit ihrem geheimnisvollen Schatz geflüchtet haben. Mehr als andere Katharerburgen ist sie in späteren Zeiten von den Menschen zerstört worden – Wind und Wetter ausgeliefert, sind von ihr nur einige Mauerfetzen übrig geblieben. Ein wild wuchernder Pflanzenteppich hat sich über die Ruine ausgebreitet und sie der Natur einverleibt.

Liegt hier irgendwo der legendäre Schatz verborgen?

»Was willst du damit anfangen, wenn du ihn findest?«, fragt mich Jean provozierend. »Wenn es sich wirklich um einen Katharer- oder Templerschatz aus Gold und Silber handelt, dann ist er wahrscheinlich so groß, dass du ihn nicht lange für dich behalten kannst, geschweige denn Zeit genug haben wirst, dich daran zu erfreuen. Jeder, der es sich zutraut, wird ihn dir abjagen wollen. Er könnte dich sogar dein Leben kosten!

Ist dir übrigens schon aufgefallen, dass alle, die in den vergangenen Jahrhunderten nach ihm gesucht haben, nicht aus dem Pyrenäengebiet stammten? Zuletzt waren es einige prominente deutsche Nazis wie Otto Rahn. Sie sind hier gewesen, haben alles durchwühlt, sich in diversen Höhlen des Ariège herumgetrieben und sind anschließend frustriert wieder nach Hause gefahren. Keiner von uns, kein Schäfer, der vielleicht sogar Zeit dazu hätte, käme jemals auf die Idee, nach diesem Schatz zu suchen. Und das nicht etwa, weil sie anzweifeln, dass es ihn gibt. Nein, sie haben ihn in ihrem Herzen bereits gefunden. Die Sichtweise der Katharer, dass Reichtum und Macht sinnlos sind, prägt nach wie vor die Menschen dieser Region. Es hat sie einfach nie interessiert, ob und wo der Schatz möglicherweise versteckt sein könnte. Er ist ihnen nicht wichtig genug!«

»Denkst du, dass es hier auch heute noch Katharer gibt?«

»Nicht im ursprünglichen Sinne als Sekte, aber im geistigen Sinne ganz bestimmt. Die Natur erzieht die Menschen bei uns und führt ihnen vor Augen, was wirklich wichtig ist auf der Welt: nämlich im Einklang mit ihr zu sein und sie nicht als Beute anzusehen.«

Für Jean besteht kein Anlass, mit der Herde bis nach Usson-les-Bains zu ziehen, um dort nachzusehen, ob wir den Schatz vielleicht entdecken – obwohl wir nur wenige Kilometer davon entfernt sind. Das Fieber, das einen wahren Schatzsucher packt, ist ihm, wie er ja erklärte, unbekannt. Also dränge ich ihn auch nicht, und wir reden nicht mehr davon. Stattdessen führt mich Jean an den Rand des märchenhaften Waldes von Hares, um mir dort die Schätze einer von Menschen unberührten Natur zu zeigen. Einmal mehr sind Steigungen zu überwinden, aber mittlerweile habe ich mich etwas besser daran gewöhnt. Zusammen mit den Hunden treiben wir die Schafe an der Westflanke des Roc Blanc vorbei, um von dort ins Tal von Orlu hinabzusteigen.

Das Vallée d'Orlu ist mir durch eine bestimmte Attraktion bekannt, die in den Sommermonaten täglich viele Touristen anzieht. Ich frage Jean danach.

»Ach, du meinst das Maison des Loups am Rande des Naturparks Reserve d'Orlu? Nun, dieses Wolfsgehege hat viele Bauern in der Gegend mächtig erschreckt, weil das Bild vom Wolf bei ihnen mit viel Angst, Unsicherheit und Vorurteilen verbunden ist. Das legen sie nicht so schnell ab, wenigstens nicht mehr in dieser Generation. Sie fürchten einfach um ihre Tiere – vor allem aber die Schäfer, die den Wolf als ihren natürlichen Feind betrachten.«

»Du etwa auch?«

»Ein wenig, ja, aber ich gestehe auch dem Wolf sein Lebensrecht in den Pyrenäen zu. Hier ist er immer zu Hause gewesen. Wir, die Menschen, haben ihn ausgerottet, was nicht naturgemäß ist.«

Das eingezäunte Wolfsgehege »Maison des Loups« ist nicht viel größer als 200 Quadratmeter und wurde 1995 von Frédéric Mola und Dominique Coume angelegt. Dazu holten sie die Tiere aus den Zoos verschiedener Länder der Erde, um ihnen in ihrem Kleinreservat ein raubtiergerechtes Leben zu bieten. Die

Gehege werden von Menschen kaum betreten und selbst die Welpen werden niemals angefasst. Auf einem Rundweg können Besucher kanadische, polnische oder sibirische Wölfe beobachten.

»Anfangs machten sich viele Menschen hier Sorgen, dass die Tiere ausbrechen könnten«, sagt Jean. »Einmal wurden sogar angebliche Beweise für ein von einem Wolf gerissenes Schaf beigebracht. Aber dann stellte es sich heraus, dass es sich bei dem Wolf nur um einen streunenden Hund gehandelt hat. Damit sank die Hoffnung bei den radikalen Gegnern des Geheges, dass die Wölfe wieder verschwinden könnten. Ich selbst mag Wölfe und weiß, wie scheu sie sind. Sie fürchten den Menschen, weil er ihnen selbst wie ein gefährliches Raubtier erscheint.«

»Mein Großvater ist in den Pyrenäen einem Wolf begegnet.«

Jean bleibt stehen und schaut mich neugierig an. »Davon musst du mir erzählen.«

»Mit Vergnügen! Schließlich hat er mich schon als Kind auf die Pyrenäen und ihre Geheimnisse aufmerksam gemacht. Hier ist also seine Geschichte:

Großvater und der Wolf

»Das ist jetzt sicherlich so an die sechzig Jahre her, da war ich noch Wölfling bei den Pfadfindern und wir waren mit zwanzig Jungen und einem Leiter zu einem Zeltlager in die Pyrenäen aufgebrochen. Ich wohnte damals noch in der südwestlichen Schweiz und wir waren mit dem Zug bis an den Fuß dieses großen Gebirges gereist, das Spanien und Frankreich voneinander trennt.

Robert, unser Leiter, forderte mich irgendwann zu einer Mutprobe auf, weil ich mich nicht ganz so furchtlos gab wie meine Kameraden. Das wollte er wohl auf einen Schlag ändern und einen harten Burschen aus mir machen. Nun ja, seine Idee war, dass ich am Abend allein durch den Wald zu einer Lichtung gehen sollte, um dort von einem Baumstumpf einen Wimpel zu holen und ihn zum Lager zurückzubringen. Als ich das hörte, brach mir vor Schreck der Schweiß aus, aber ich fügte mich dennoch in das Unvermeidliche, um nicht vor den anderen als Feigling dazustehen.

So ging ich kurz vor Beginn der Dämmerung los. Alles war einsam und still. Um mich herum hohe, dunkle Föhren und ein langer, scheinbar nicht enden wollender Waldweg. Nur manchmal hörte ich den Ruf eines Käuzchens oder ein Rascheln im dichten Unterholz, was mich jedes Mal zusammenzucken ließ. Eine Laterne hatte ich nicht mitnehmen dürfen und Taschenlampen gab es damals noch nicht. Unbemerkt hatte ich mir jedoch eine Schachtel Zündhölzer in die Hosentasche gesteckt. Nicht einmal sie hätte ich bei mir tragen dürfen. Robert hatte mir nur kurz den Weg zur Lichtung erklärt, wo er den Wimpel für mich deponiert hatte und zunächst ging alles gut. Hin und wieder zuckte ich, wie gesagt, nervös zusammen, weil ich meinte, etwas Verdächtiges gehört zu haben. Aber das war nur der Wind oder irgendwelche kleineren Tiere im Dickicht. Plötzlich legte mir jemand eine Hand auf die Schulter. Ich fuhr zusammen, als ob mich ein Blitz getroffen hätte, und meinte vor Schreck zu sterben. Wer war das? Ich hörte eine Jungenstimme in gebrochenem Deutsch zu mir sagen: »Keine Angst. Ich bin es nur, Jean-Philippe. Ich weiß, du bist vom Lager am Fluss.«

Ich drehte mich um und starrte zitternd in das Gesicht eines etwa gleichaltrigen Franzosenjungen. Er sagte, dass er mich begleiten wolle. Ich war erleichtert, und so stapften wir zu zweit durch den halbdunklen Pyrenäenwald. Wir erreichten die Lichtung, wo ich den Wimpel an mich nahm und sofort den Rückweg antrat. Jean-Philippe schritt neben mir her, lächelte still in sich hinein und war eher schweigsam. Auf einem steileren Wegstück war ich ein kleines Stück zurückgeblieben, mein neuer Freund ging vor mir. Plötzlich lief ich in Jean-Philippe hinein, der einfach stehen geblieben war.

»Pst! Still!« flüsterte er, und ich gehorchte. »Nicht bewegen! Da vorn.«

Ich sah in die angegebene Richtung und wurde weiß wie frisch gefallener Schnee. Keine zehn Schritte von uns entfernt stand ein riesiger grauer Wolf und beobachtete uns argwöhnisch.

»Allein können sie wirklich gefährlich werden«, erklärte mein Begleiter, fast ohne die Lippen zu bewegen.

Du großer Schreck! Was machen wir nur, überlegte ich fieberhaft. Aber Gott sei Dank schien sich Jean-Philippe bereits eine Möglichkeit überlegt zu haben, obwohl ich anfangs nicht so ganz begriff, was er eigentlich vorhatte.

»Hast du Zündhölzer dabei?«, fragte er.

»Ja!«, krächzte ich nervös.

»Dann hol sie vorsichtig aus deiner Hosentasche, aber ganz, ganz langsam. Selbst wenn es Stunden dauert!«

Ich tat, was er von mir verlangte. Unendlich langsam bewegte ich meine Hand in Richtung Hosentasche, griff ebenso langsam hinein und holte die kleine Schachtel daraus hervor. Das muss endlos gedauert haben. Für den lauernden Wolf waren wir zur Steinsäule erstarrt, und so lange wir uns nicht bewegten, fühlte er sich auch nicht provoziert, uns anzugreifen. Und er blieb da, weil er Beute witterte, nämlich uns. Schließlich konnte mein mutiger Begleiter die Zündholzschachtel aus meinen schweißnassen

Händen nehmen, und sofort begann er, die Schachtel für das, was er vorhatte, zu präparieren.

Er öffnete sie, zog ein Streichholz daraus hervor und klemmte es sich zwischen die Zähne. Die restlichen Streichhölzer ordnete er ganz langsam so an, dass eine Reihe aufrecht stehender Hölzer mit ihren roten Köpfen gegen die Köpfe der in der Schachtel liegenden Zündhölzer stieß, und klemmte sie in der fast zugeschobenen Schachtel fest. Nun entzündete er das verbliebene Streichholz und setzte die Enden der aufrecht stehenden Streichhölzer in Brand. Aber auch der Wolf hatte diese Aktion bemerkt und beobachtete wie erstarrt die Flamme, die sich langsam zum Innern der Schachtel durchfraß. Pötzlich warf ihm Jean-Philippe das brennende Ding direkt vor die Nase. Der Grauwolf zuckte kurz zurück, starrte aber weiterhin mit gesenktem Kopf auf die Schachtel im Gras. Endlich hatte die Flamme die roten Köpfe der Streichhölzer erreicht. Mit lautem Zischen brannte die Schachtel von einer Sekunde zur anderen lichterloh. Der Wolf heulte erschrocken auf und jagte in schnellen Sprüngen davon.«

»So ungefähr hat mir Opa Johannes sein Erlebnis damals erzählt«, sage ich zu Jean, der aufmerksam zugehört hatte. »Was hältst du davon?«

»Es könnte sich tatsächlich so zugetragen haben, Franjo. Im Übrigen wurde der letzte frei lebende Wolf bei uns im Jahre 1923 erschossen.«

»Und wer war wohl dieser Junge, der ihm geholfen hat? Ich meine, es ist doch seltsam, dass ein Kind in den Wäldern allein herumläuft.«

»Nicht unbedingt. Dieser Jean-Philippe könnte zum Beispiel der Sohn eines Schäfers gewesen sein, der von der Herde zurückgekommen ist und auf dem Heimweg war. Unsere Schäfer nehmen ihre Söhne schon früh mit ins Gebirge. Andererseits ...«

»Ja?«, frage ich neugierig.

»Eigentlich nichts Genaues. Es könnte auch sein, dass dieser Junge zu den Cagoten gehört hat.«

»Den Cagoten?«

Erstaunt runzele ich die Stirn. Von diesem Menschenschlag habe ich schon gehört, aber niemand wollte mir Genaues über sie erzählen.

»Ja, zu den Cagoten. Ihre Existenz ist eines der großen Geheimnisse der Pyrenäen. Aber darüber sprechen wir ein andermal. Ich habe einen Freund, den du vielleicht noch kennen lernen wirst. Frage besser ihn als mich nach den Cagoten. Wenn er dich mag, wird er dir von ihnen erzählen.«

Tja! Was bleibt mir anderes übrig, als mich zu gedulden.

So ziehen wir langsam mit der Herde weiter und reden über dies und das. Heute sind weiterhin die Wölfe dran, von denen Jean sehr viel Ahnung zu haben scheint.

»Wölfe schlagen uns allein schon durch ihre Kraft und Ausdauer in ihren Bann. Wir bewundern ihre Stärke, auch noch im härtesten Winter überleben zu können. Und selbst dann, wenn ein Wolf ganz auf sich allein gestellt ist.

Junge Wölfe bleiben nicht für immer bei ihren Eltern. Langsam sondern sie sich ab, machen Ausflüge auf eigene Faust. Irgendetwas treibt sie an, lässt sie nicht zur Ruhe kommen. Und plötzlich macht sich der junge Wolf auf und davon und geht auf einsame Wanderschaft. Einige Einzeltiere überleben Angriffe von fremden Rudeln nicht oder verhungern. Aber die

Die Katharerburg Peyrepertuse.

meisten halten durch. Lange schon hat der einzelgängerische Wanderer bei jeder Gelegenheit sein einsames Heulen verlauten lassen, hat selbst nach Wolfstönen gehorcht und nach Wolfsspuren gesucht. Dann, eines Nachts, bekommt er Antwort auf sein Heulen und folgt den Spuren eines anderen Tieres – er findet eine Wölfin.

Nach einer Zeit der Annäherung erkunden sie bald zusammen ihr neues Revier, flüchten gemeinsam vor Gefahren, jagen zusammen. Im Winter paaren sie sich, zwei Monate später, zu Beginn des Frühlings, werden die Welpen in einer Höhle geboren. Der Vater geht allein auf die Jagd, die Mutter bleibt in der Höhle. Schnell wachsen die Welpen heran. Ein neues Wolfsrudel ist entstanden. Der Kreis schließt sich.«

Höre ich da ein wenig Neid heraus? Kann es sein, dass Jean die totale Unabhängigkeit des Wolfes bewundert? Tiere müssen nicht wie wir Menschen Verantwortung übernehmen und sie kennen keine Moral, die sie vor eine Wahl stellt.

Jean ist jetzt stehen geblieben und deutet mit seinem langen Stock auf den nahen Waldrand. Wir haben die Baumgrenze erreicht, wollen über einen Pass und danach hinunter ins Orlu-Tal steigen. Ein Bergsee, fast kreisrund, glänzt eisig kalt und schön zugleich in den Strahlen der untergehenden Sonne, wie das Auge des Zyklopen – jenes Wesen, das einst die Begleiter des Odysseus verschlang.

Noch immer deutet Jean auf den nahen Wald. »Wie der Wald im Wechsel der Jahreszeiten seine Farbe ändert, so zeigt auch das Wolfsfell viele unterschiedliche Tönungen. Hast du Lust auf einen kleinen Vortrag?«

Als ich nicht reagiere, legt er mit seinem Fachwissen los: »Selbst das Fell eines grauen Wolfes kann schwarze, weiße, graue oder braune Haare haben, die sich zu einem Gesamtton vermischen, der sich vorwiegend auf dem Rücken und Schwanz verdunkelt. Die Bauchregion, die Läufe, die Ohren und die Schnauze sind meist gelbbraun. Alte Wölfe sind grauer als ihre jüngeren Weggefährten. Die Farbe des Fells macht ihn vor allem im Wald nahezu unsichtbar. Das Fell der Wölfe, die sich vorwiegend in den Wäldern aufhalten, ist oft schwarz. Die meisten Wölfe jagen in Rudeln. Im Winter leiden sie oft Hunger, weil es weniger zu jagen gibt als im Frühjahr, wenn die Rehkitze geboren werden. Um im Schnee leichter voranzukommen, übernimmt immer abwechselnd ein Wolf die Führung. Alle anderen folgen ihm in der gelegten Spur. Ich habe schon mehrere Male Wölfe in freier Wildbahn beobachten können. Es sind kluge und für mich ungewöhnlich schöne Tiere.«

Eine pelzige Gefahr

23. Mai

Drei Tage lang nichts eingetragen. Wir wachen jeden Morgen woanders auf, nachdem wir am Vorabend unsere Zelte irgendwo an geschützter Stelle aufgebaut haben und ich jedes Mal ziemlich müde in meinen Schlafsack gekrochen bin. Jean meint, dass das auch an der frischen Luft liegt. Er macht Scherze über meine Müdigkeit, weil ich mich gestern schon um 21.30 Uhr aufs Ohr gehauen habe. Mögen die Orte auch wechseln, die harten Böden tun es nicht. Mein Rücken macht sich mehr und mehr bemerkbar, je länger unsere Wanderung dauert. Schmerzt ordentlich, aber ich will nicht klagen.

Unsere gemeinsamen Gespräche gefallen mir besonders gut, unsere Küche finde ich dagegen äußerst bescheiden. Reis mit Fisch, Brot mit Wurst, etwas Obst, das langsam zur Neige geht, Tütensuppen, die ich mitschleppe – so sieht unser Speiseplan aus. Eier sind aus. Das Brot auch, bis auf pappiges Toastbrot. Wasser haben wir immer dabei und füllen unseren Kanister in den Bächen wieder auf.

Eine Flasche Wein ist noch vorhanden. Die wollen wir uns aufsparen. In den alten Cabanes wurde Käse gemacht. Solche Aufgaben haben wir hier nicht. Leider. Ich laufe, ich rede, ich gucke mir die herrliche Natur an, aber das alles ermüdet auch mit der Zeit.

Zur Zeit des Schafehütens gehört auch die Zeit des Träumens. Jedenfalls geschieht das immer dann, wenn man einen Platz gefunden hat, an dem die Tiere nach Herzenslust fressen können, sprich, wenn die Wiese besonders saftig ist. Dann streckt sich der Schäfer jedes Mal im Gras lang aus, legt seinen Kopf auf einen Stein, auf den er zuvor seine Jacke gepackt hat, und schaut nur noch den Wolken nach. Die Sonne wärmt angenehm die Haut, es ist nicht zu kalt und nicht zu heiß. Der Wind hält sich sehr zurück. Das ist der Moment, an dem man meinen könnte, dass alles andere um einen herum nicht mehr existiert. Jedenfalls alles, was hässlich und unangenehm ist.

Solche Momente nenne ich heilig, weil man sich ihnen ganz überlassen und alles, was man so an Ballast mit sich herumträgt, für die Dauer dieses Verweilens abwerfen kann. Ein wirklich ungemein schönes Gefühl und im Grunde nicht zu beschreiben. Um mich herum die Gipfel der Berge, auf die keiner steigt, weil sie für die klassischen Alpinisten zu unbedeutend sind. Ich bin kein Bergsteiger. Ich erobere nicht und will keinen Rekord brechen. Deshalb kann ich auch schreiben: *Nachdem der höchste Berg der Erde endlich unter seinen Füßen ruhte, schnitt er ihm den Kopf ab, um ihn sich als Trophäe daheim an die Wand zu hängen.*

Vielmehr bin ich hier, um zu leiden und mich gleichzeitig zu erfreuen. Das klingt paradox, aber genauso fühle ich es.

Während ich also so daliege und vor mich hin philosophiere, holt mich ein kurzes Signal von Jean in die Wirklichkeit zurück. Ich setze mich auf und schaue ihn erwartungsvoll an. »Hast du mich mit dem Pfeifton gemeint oder Lise, deine Hündin?«

Er überhört meine Frage und beobachtet weiterhin gebannt seine Herde. »Fällt dir an den Tieren etwas auf, Franjo?«

Ich schaue mir die grasenden Schafe genauer an und meine, eine leichte Unruhe bei ihnen festzustellen. Schafe – das habe ich in den letzten Tagen erfahren – sind äußerst genügsame Tiere. Sie fressen das, was sie vorfinden, und sind relativ leicht durch die Gegend zu treiben. Jedenfalls, wenn man zwei erfahrene Hütehunde dabei hat. Sie an den Hängen einer Wiese grasen zu sehen, ist ein ewig gleiches Bild. Allerdings scheinen sie heute weniger mit sich und dem Fressen beschäftigt zu sein als mit etwas anderem. Aber mit was? Und auch die Aufmerksamkeit der Hunde ist wie die der Herde in eine bestimmte Richtung gelenkt.

»Was haben sie nur?«

»Sie wittern dort etwas. Vielleicht einen Luchs?«

Die Herde grast am Rande einer lang gezogenen Senke, die auf einer Seite von einem kleinen Wäldchen gesäumt wird. Irgendetwas scheint sich dort zwischen den kargen Bäumen versteckt zu halten.

»Ein Luchs? Meinst du wirklich?«

»In den Pyrenäen werden jährlich mehr als zweihundert Schafe von Luchsen gerissen. Aber die Hunde werden ihn verjagen.«

Ich bin fasziniert. Von einem Augenblick zum anderen weicht meine schläfrige Phase einer hellwachen. Also ein Luchs macht die Tiere nervös. Luchse kenne ich nur aus dem Zoo. Sie sehen für mich aus wie zu groß geratene Katzen mit Pinselohren. Dass einer von ihnen mir selbst gefährlich werde könnte, halte ich eher für unwahrscheinlich.

Jean beobachtet mit seinem Fernglas den dunklen Waldsaum gegenüber. »Oder ist es doch kein Luchs?«, höre ich ihn murmeln. Dann pfeift er zweimal, und seine Hunde beginnen sofort die Herde enger zusammenzutreiben.

»Das gefällt mir nicht. Es ist kein Luchs. Ich habe etwas anderes gesehen. Viel, viel größer.«

»Viel größer?«, staune ich. »Etwa ein Wolf? Vielleicht ist ja einer aus dem Gehege ausgebrochen?«

Jean sucht wieder mit seinem Glas den Waldrand ab. Auch er ist jetzt ein wenig aufgeregt. Irgendetwas scheint er dort entdeckt zu haben, etwas, das ihn beunruhigt. Größer als ein Luchs? Vielleicht sogar größer als ein Wolf, rätsele ich?

»*Merde*!«, schreit Jean plötzlich laut. Hektisch springt er auf und jetzt erkenne auch ich, worum es sich bei dem Störenfried handelt, und werde bleich.

»Ein Bär! Das ist ein Bär!«, stammele ich.

»Und in dieser Gegend! Das kann eigentlich gar nicht sein!«, zischt Jean und pfeift seinen Hunden einen Befehl zu. Sofort rennen sie in Richtung des Bären, der sich jetzt auf seine Hintertatzen stellt.

Gott, ist der groß!, denke ich erschrocken. Und dann fällt mir ein, wie schnell Bären laufen können. Sind wir auch in Gefahr? Ohne ihn zu fragen, erwarte ich dennoch eine Antwort von Jean. Aber der konzentriert sich in diesem Moment ausschließlich auf seine zwei Hunde. Wie winzig sie neben diesem Koloss von einem Braunbären wirken!

»Ein Import aus dem ehemaligen Jugoslawien«, merkt Jean trocken an. »Man hat sie vor einigen Jahren in den Pyrenäen wieder heimisch gemacht, aber eher in den Zentralpyrenäen. Dort warnen Schilder die Wanderer vor ihnen. Aber hier gibt es sie eigentlich nicht. Letztes Jahr erzählte mir jedoch ein Schäfer aus dem Ariège, nicht weit von hier, dass ein Bär seine Herde angegriffen habe. Ich denke mal, dass es dieser dort drüben gewesen sein muss.«

Vielleicht 250 Kilo Lebendgewicht erheben sich drohend

über den beiden zu seinen Füßen herumspringenden, laut bellenden schwarzen Picards. Nicht mehr als zehn Bären soll es insgesamt in den Pyrenäen geben. Und mit einem davon haben wir es jetzt zu tun, und er scheint nicht weichen zu wollen.

»Er hat Hunger und es ist Ende Mai, also Paarungszeit. Er oder sie wird verzweifelt ein Weibchen oder ein männliches Tier suchen«, erklärt Jean. Seine mutigen Hunde scheinen keinen richtigen Erfolg zu haben.

»In Kanada hörte ich, dass man sich bei einem Bärenangriff auf den Boden werfen und toter Mann spielen soll.«

»Toll! Das rettet jedoch die Herde nicht. Eigentlich ernährt sich Meister Petz mehr von Pflanzen als von Fleisch. Aber wenn er einmal Schafe vor seiner Nase hat, dann ...« Er beendet seinen Gedanken nicht.

Der Bär wird die Hunde in die Flucht schlagen, wenn nicht bald etwas geschieht. Da kommt mir ein Gedanke. Hastig krame ich in meinem Rucksack. Wenn mich nicht alles täuscht, habe ich dort noch Chinaböller, die mir mein Sohn letztes Sylvester entwendet und in den Rucksack gesteckt hat. Zwei Pakete ziehen meine Finger zitternd hervor. Ich zeige sie Jean, der erst nicht zu begreifen scheint, worum es sich dabei handelt. Aber dann eilt er rasch zu mir und reißt die Pakete auf.

»Riskant, was wir machen, aber Bären lieben keinen plötzlichen Lärm. Wir müssen so viele wie möglich gleichzeitig anstecken und dabei näher an ihn heran.«

Ich schlucke heftig, aber ich bin damit einverstanden. Gemeinsam steigen wir den Hügel hinunter und stellen uns vor die Herde. Dann pfeift Jean seine Hunde zurück, was nicht sofort gelingt. Aber schließlich gehorchen sie und kommen zu uns gerannt.

Der Bär steht wieder auf seinen vier Pranken und hat nun

uns beide im Visier. Mir zittern die Knie und die Hände. Hoffentlich geht das gut! Weglaufen wäre mir eigentlich lieber, aber wir können die Tiere nicht ihrem Schicksal überlassen. Endlich entzünden wir die Böller, warten, bis die Zündschnur ziemlich weit heruntergebrannt ist und werfen sie dem Bären beinahe vor die Füße. Der Krach ist ohrenbetäubend, als zehn Böller fast gleichzeitig explodieren. Die Wirkung ist enorm! Der Bär macht hastig auf der Stelle kehrt und verschwindet im nahen Wald. Die gleiche Wirkung wie seinerzeit bei meinem Großvater und dem Wolf, denke ich erleichtert.

Wir laufen den Hang einige Schritte weiter hinauf und zünden die nächsten zehn Böller an. Die geben ihm vermutlich den Rest, denn später sehen wir, wie er weit entfernt noch immer davoneilt. Jean bittet mich um mein Handy und verständigt irgendwelche Leute.

»Noch ist es hell« sagt er. »Sie werden ihn mit dem Helikopter suchen, betäuben und woanders hinbringen. Jedenfalls weit weg von dieser Region. Er scheint sich verlaufen zu haben. Hier ist er für Mensch und Tier viel zu gefährlich.«

Bären hat man vorwiegend im Val d'Aran angesiedelt, das 70 km Luftlinie entfernt liegt. Eigentlich, so hört man, bekommen selbst Wanderer die Bären dort niemals zu Gesicht, weil sie sehr scheu sind. Aber Meister Petz legt auch gerne weite Wege zurück, um sein Futter zu finden. Und so kommt es mitunter in dichter besiedelten Gegenden doch zu Zusammenstößen zwischen Mensch und Tier. Was für ein Abenteuer!

»Für jedes gerissene Schaf erhält man von der Regierung eine hohe Entschädigung. Sie übersteigt sogar den Wert des Tieres, so dass die Schäfer einigermaßen beruhigt werden.«

Jean lacht wieder, nachdem er bei der Bärenbegegnung doch

Morgennebel.

äußerst angespannt war. Aber wer will ihm das verübeln? Ich am allerwenigsten.

»Was, Franjo? Damit hast du wohl nicht gerechnet. Ein leibhaftiger Braunbär! Und so angriffslustig!«, neckt er mich. Ich nicke nachdenklich.

»Soll ich dir sagen, was mich allerdings am meisten überrascht hat? Nicht der Bär, sondern dein Feuerwerk. Warum zum Teufel schleppst du so etwas mit dir herum? Glaubst du etwa, wir sind bis Ende Dezember unterwegs?«

Ich kratze mich am Kopf und blicke ihn dann spitzbübisch an: »Tja, Jean, sieh das mal so: Deutsche sind eben immer auf alles bestens vorbereitet.«

Was ihm nur ein müdes Lächeln abringt.

Noch lange steckt mir der Schrecken über das plötzliche Auftauchen eines waschechten Bären in den Knochen. Immer wieder blicke ich mich vorsichtig nach allen Seiten um, ob er nicht doch zurückgekehrt sein könnte.

Jean bemerkt meine Unruhe und versucht mich zu beruhigen: »Auch für den Bären war die Sache mit uns ziemlich stressig. Glaube mir, der hat die Nase gestrichen voll. Deine Böller haben ihn total verschreckt, weil er als Tier nicht einschätzen kann, wie groß die Gefahr für ihn ist. Außerdem kommen sie bald und suchen nach ihm aus der Luft.«

Aber so ganz beruhigt mich diese Nachricht nicht. Ich kann nur hoffen, dass Jean weiß, wovon er redet.

»Wir steigen noch etwas tiefer ins Tal hinunter und suchen uns dort ein Plätzchen für die Nacht«, schlägt der Schäfer vor.

Zwei Stunden später haben wir die Stelle gefunden. Erneut sammeln wir Steine und alte Äste, um daraus einen provisorischen Pferch für die Schafe zu bauen. Danach schlagen wir unsere Zelte auf. Über das Essen will ich mich nicht lange aufhalten: Reis mit Fisch, wobei kein gefangener Lachs oder eine Forelle gemeint ist, sondern Sardinen oder Tunfisch aus der Konserve.

»Was haben die Schäfer eigentlich früher, sagen wir mal vor siebenhundert Jahren, gegessen?«

»Käse, selbst gebackenes Brot, gekochtes Fleisch, wenn sie es hatten. Ach, weißt du übrigens, wie sich die Schäfer untereinander in den Bergen verständigten, wenn sie weit voneinander entfernt waren?«, fragt mich Jean.

Ich verneine.

»Mit schrillen Schreien und optischen Signalen. Es gab bereits um das Jahr 1200 ein ziemlich ausgeklügeltes System der Nachrichtenübermittlung. Unglaublich, was?«

»Schrille Schreie? Mach mal vor!«

Und dann stellt Jean sich hin, legt seine Hände trichterförmig um den Mund und stößt spitze, hohe Schreie aus, die entweder Schäfer anlocken oder umherstreunende Bären vertreiben. Ich muss lachen, weil es sich so verrückt anhört. Aber Jean ist ganz ernst bei der Sache und sagt, dass die Hirten auf der Kanaren-Insel Hierro ein ähnliches Verständigungssystem haben. »Dort haben sie fast die gleichen Laute für die Nachrichtenübermittlung in den Bergen entwickelt. Kein Witz! Ich habe darüber im Fernsehen mal einen Bericht gesehen.«

Er greift in seinen Rucksack und zieht eine Flasche Rotwein hervor. Auf mein verblüfftes Gesicht hin, erklärt er: »Ich weiß, ich habe dir gestern oder irgendwann zu verstehen gegeben, der Rotwein sei aus, aber ich habe noch eine Flasche gerettet. Die wollte ich eigentlich mit dir an unserem letzten gemeinsamen Abend trinken, aber ich denke, wir zwei brauchen heute etwas, um die Aufregung vom Nachmittag hinunterzuspülen, oder?« Ich widerspreche nicht.

Der Wein mundet köstlich. So hocken wir wie jeden Abend am Feuer, schwatzen und trinken und erfreuen uns am klaren Sternenhimmel. Jean erzählt von den Bären, die seit Urzeiten wichtig für die Kultur der Pyrenäen gewesen sind. In Arles-sur-Tech, wo es das heilende Wasser aus dem Sarkophag gibt, aber auch in Prats-de-Mollo-Preste, in einem der letzten Täler vor der spanischen Grenze, wird das »Fest des Bären« nach wie vor gefeiert.

»Sehr heidnisch und deshalb sehr hübsch anzusehen«, meint Jean.

»Das Bärenfest in Prats-de-Mollo-Preste findet im Frühjahr statt. In der Maske des Bären steckt ein Mann, der sich von einer Jungfrau anlocken lässt. Sie aber ist gleichzeitig der Lockvogel für den Jäger, der den Bären tötet, ihn anschließend kastriert und dadurch seine Kraft auf sich überträgt. Wie gesagt, sehr heidnisch, aber für Zuschauer äußerst effektvoll. In Arles-sur-Tech begeht man den ›Karneval der Bären‹ jährlich am letzten Sonntag im August – weil dann mehr Touristen vor Ort sind als im Frühjahr.«

Jeans Erzählung und der Genuss des Rotweins löst meine innere Spannung. Schon bald habe ich die potenzielle Gefahr durch einen echten Braunbären verdrängt und als ich später in meinen Schlafsack krieche, kann ich gut einschlafen und habe auch keine Albträume. Vielmehr träume ich von Zwergen, die in den Bergen Gold abbauen und alle Menschen, die sie dabei beobachten wollen, in Menhire verwandeln. Ein Glaube, der früher in den Pyrenäen verbreitet gewesen ist, besagt, dass bestimmte Steinformationen einmal Menschen gewesen seien.

Drastischer Wetterumschwung

25. Mai

In der Nacht gefroren trotz des guten Schlafsacks. Auf meinen Augenlidern meinte ich beim Aufwachen sogar eine dünne Eisschicht zu spüren. Ist vermutlich Unsinn! Mein zweiter Gedanke galt dem Bärenerlebnis. Ich gebe zu, das ich vorsichtig aus dem Zelt hinaus blickte, um mich zu vergewissern, ob draußen alles in Ordnung war. Ich sah Jean, der sich um seine Herde kümmerte. Die Hunde wuselten um ihn herum. Ich konnte mich also ungefährdet aus meinem Schlafsack schälen.

»Wir haben heute noch einen ziemlich anstrengenden Marsch vor uns«, verkündet mir Jean gleich nach dem Aufstehen und schüttet mir randvoll Kaffee in meinen Becher. Ich zucke die Schultern und gebe ihm so zu verstehen, dass ich mit allem einverstanden bin. »Das macht mich jetzt nicht mehr fertig«, prahle ich.

Er verzieht die Mundwinkel zu einem süffisanten Grinsen und zeigt dann auf die Bergwand hinter uns. »Schön, dass du dich mittlerweile für alle Herausforderungen fit fühlst. Du wirst es brauchen, denn heute müssen wir über diesen Berg dort drüben.«

Mein Blick folgt seinem ausgestreckten Arm und ich schaue auf eine Bergflanke, die einer steil aufragenden Mauer gleicht.

Da will er doch nicht wirklich mit den Tieren rüber, denke ich entsetzt? Wie soll das denn möglich sein? Ich kann überhaupt keinen Weg erkennen, auf dem sich dieses gewaltige Hindernis überwinden ließe. Vor allem mit einer Schafherde!

Aber Jean scheint meine Gedanken erraten zu haben. Vermutlich stehen sie mir auf der Stirn geschrieben.

»Keine Sorge«, sagt er. »Es gibt auch hier einen alten Schäferweg, einen ›*sentier de la solitude*‹, einen ›Pfad der Einsamkeit‹, wie wir ihn nennen. Er besteht ebenfalls seit Jahrhunderten, wird aber ausschließlich von unsereins benutzt. Er führt fast genau unterhalb des Gipfels des Pic Peric vorbei und stellt im späten Frühjahr eigentlich keine Gefahr mehr da. Allerdings habe ich ein ungutes Gefühl, was das Wetter angeht. Es hat heute schon zweimal gedonnert.«

Da habe ich wohl noch fest geschlafen.

»Wird es Regen geben oder gar ein Gewitter aufziehen?«, frage ich.

»Mehr Schneeregen, fürchte ich, denn die Temperaturen sind seit gestern kräftig gefallen. Sollen wir es dennoch versuchen? Was meinst du?«

Die Alternative ist umzukehren und durch das Tal mit den Schafen auf Ax-les-Thermes zuzulaufen. Auf der anderen Seite des Pic Peric führt uns der Weg nach Mont-Louis und zur spanischen Enklave Llivia. Außerdem kämen wir am »Quellsee« der Aude vorbei und an einigen interessanten, jahrtausendealten Felsgraffiti, von denen mir Jean erzählt hat und die er mir gerne zeigen will. Er weiß ja, wie sehr mich solche Dinge interessieren. Mein besorgter Blick zum Himmel zeigt mir, dass Jean Recht haben könnte. Im Südosten tauchen sehr viele dunkle Wolken auf. Aber vielleicht ziehen sie ja an uns vorbei.

»Wir sollten es versuchen, Jean! Was machen uns schon ein

bisschen Nässe und Kälte aus? Außerdem haben wir Ende Mai. Es kann doch gar nicht so schlimm kommen, oder? Andererseits darf den Schafen nichts geschehen. Aber das weißt du ja am besten.«

Ball zurückgespielt! Der Schäfer blickt mich eine Weile stumm an und murmelt dann irgendetwas in den stoppeligen Bart. Ist er denn mit meiner Entscheidung nicht einverstanden? Dann soll er es doch sagen.

»Hilf mir bei der Herde. Wir packen rasch ein und ziehen dann los!«

Gut! Dann also weiter voran! Er ist schließlich der Schäfer und wird Gefahren richtig einzuschätzen wissen. Ein wenig hastig packen wir unsere Habseligkeiten zusammen. Die Hunde sind bereit, und die Herde setzt sich in Bewegung. Die Schafe der Pyrenäen sind genügsame, abgehärtete Tiere. Sie gehen dorthin, wohin der Mensch sie treibt. Wir folgen ihnen, und es geht wirklich steil hinauf! Zunächst noch langsam, dann aber wird es immer steiler. Über die Hänge der kahlen Berge fliegen die langen Schatten der Wolken mit dem auffrischenden Wind. Ein seltsames Licht liegt über den Gipfeln. Auf der einen Seite die Sonne, auf der anderen Seite düsteres Gewittergewölk. Die karge Landschaft verwandelt sich in ein unheimliches Reich, in dem Licht und Schatten die Natur für die Fantasie neu formen. So sehe ich Dinge, die vorher noch nicht dort zu sehen gewesen waren: neue Felsformationen, neue Gipfel und mitunter scheint es mir so, als wüchsen Burgen mit spitzen Zinnen aus dem grauen Gestein heraus. Meine Augen werden kräftig genarrt – kein Computerspiel könnte da mit seinen imaginären Welten mithalten.

Dann frischt der Wind noch mehr auf, und es wird spürbar unangenehm. Während ich kurz stehen bleibe, um mich zu orientieren, bricht mit einem Mal ein wüstes Fauchen, ein schweres Rauschen und Prasseln los. Als wolle uns der Himmel erschlagen, geht ein Hagelschauer, der kein Ende nehmen will, auf uns hernieder. Instinktiv ducke ich mich zu Boden und dränge mich hastig unter einen Felsvorsprung. Doch der schützt mich nur wenig. Die Hagelkörner sind ziemlich groß und bringen den Aufstieg der Herde völlig durcheinander. Die Tiere wissen ja nicht, was vor sich geht. Für die Schafe muss es so sein, als würfe jemand mit Steinen nach ihnen. Hoffentlich werden sie durch die Geschosse vom Himmel nicht verletzt.

Die Schafe sprengen auseinander und rasen über den steilen Hang in alle Richtungen. Genau auf eine tiefe Schlucht zu. Jean versucht die Hunde einzusetzen. Sie sollen die Herde wieder zusammentreiben, was aber nicht gleich gelingt. Wenn den Tieren jetzt etwas passiert, werde ich mir ewig Vorwürfe machen, denn ich habe Jean vorgeschlagen, weiterzuziehen. Ich bin sehr besorgt, weiß aber nicht, wie ich wirkungsvoll helfen könnte. Jedenfalls sollte ich mich jetzt rasch an die Seite von Jean begeben. So löse ich mich von meinem Unterschlupf, stemme mich gegen den Hagelsturm und eile zu Jean. »*Merde*, was?«, frage ich.

»Wir müssen mit ihnen unbedingt über den Pass. Ich denke, dass das Wetter dahinter besser ist, denn die Wolken ziehen in Richtung Andorra.«

»Ich mache mir Sorge um die Schafe.«

Aber Jean winkt ab. »Man merkt, dass du kein Schäfer bist. Den Tieren passiert nichts. Sie sind jetzt furchtbar aufgeregt, klar. Aber ihr Instinkt wird sie beschützen.«

»Und was ist mit der Schlucht dort hinten?«

»Schau doch selbst!«

Jean hatte wohlweislich seine Hunde vorausgeschickt. Die

beiden Tiere stehen mittlerweile zwischen dem Abgrund und der versprengten Herde und halten die Schafe davon ab, in Panik weiter darauf zuzulaufen. Obwohl der Hagel immer wieder einsetzt, steigen wir langsam den Hang hinauf, folgen dabei einem kaum sichtbaren uralten Pfad. Ihn »Pfad der Einsamkeit« zu nennen, erscheint mir durchaus sinnvoll, auch wenn diese Einsamkeit gerade durch einen Höllenlärm gestört wird. Was, wenn einer von uns sich jetzt ein Bein bräche oder sonst irgendwie zu Schaden käme? Hier gibt es keine Schutzhütten wie in den Alpen. Hier gibt es auch keine Bergwacht, die uns zu Hilfe käme. Wir zwei sind ganz auf uns allein gestellt und müssen diesen schwierigen Teil unserer Wanderung selbst meistern. Der Hagel kommt mir vor wie Peitschenhiebe, die meinen Körper treffen. Schritt für Schritt arbeiten wir uns voran. Mein Gesicht brennt, ich bin nass bis auf die Haut. Hoffentlich hat Jean Recht und das Wetter wird hinter der Passhöhe wirklich besser.

Über die Leistung der beiden Hütehunde kann ich immer wieder nur staunen. Sie wissen genau, was jetzt von ihnen erwartet wird. Jean schimpfte zwar manchmal unterwegs, dass sie als Hunde eine Katastrophe wären, aber als Menschen unersetzlich, doch das nehme ich nicht ernst. Beide sind sie sowohl prächtige Hütehunde als auch die besten Freunde des Schäfers in der Einsamkeit der Bergwelt. Ohne ihren Einsatz würden wir diesen Pass hier mit der Herde bestimmt nicht schaffen.

Kurz vor dem Col fängt es auch noch an zu schneien. Ein Wintereinbruch kurz vor Juni, denke ich wenig begeistert. Hoffentlich bleibt das nur eine Sache von Stunden. Im dichten Schneetreiben erreichen wir schließlich den höchsten Punkt unseres Marsches und sind ein wenig erleichtert. Jean kennt hier oben eine alte *cabane*, in die wir uns flüchten wollen. Zwar hat der Wind nachgelassen, der Schneefall jedoch hört nicht auf. Jean stößt mich in die Seite, weil ich wie angewurzelt dastehe und träume.

»Komm, wir stellen uns unter. Ich kenne hier ein halbwegs trockenes Plätzchen.« Aber zuvor wandert sein Blick prüfend über die Herde. Er zählt mal wieder seine Schafe. Dass kein einziges fehlt, zeigt mir sein lächelndes Gesicht.

Dann brechen wir auf und führen die Herde auf ein Plateau unterhalb des Passes. Der Schneefall hält unvermindert an. Ein eisiger Bach stürzt zu unserer Linken über zahlreiche Vorsprünge zu Tal. Unten kann ich einen großen See erkennen, der von mehreren Bergbächen gespeist wird. Es ist der Lac des Bouillouses und er liegt fast genau 2000 Meter hoch. An seinem unteren Ende hat man vor Jahren eine riesige Staumauer gebaut, um durch Wasserkraft Strom zu erzeugen.

»Es gibt zahllose Seen in diesem Gebiet«, erklärt Jean. »Sie sind alle miteinander verbunden und so kalt wie die Hölle der Katharer.«

Dann stoßen wir auf die alte *cabane*. Sie ist sehr klein, aber innen staubtrocken. Die Hunde treiben die Herde an einer Stelle zusammen und verkriechen sich dann unter irgendwelchen Felsvorsprüngen. Mir scheint, als wären die Schafe mit unserer Rast, die etwas länger dauern soll, sehr einverstanden. Trotz der widrigen Umstände suchen sie sich ihre kargen Fressstellen im verschneiten Gelände. Wir kauern uns in der alten Schäferhütte auf zwei Steine, Jean schiebt seine Pfeife in den Mund und wirkt dabei gelassen wie immer. Ich hole den Gaskocher, fülle das kleine Gefäß mit Schnee und koche uns einen schwarzen Tee. Wenig später schlürfen wir das heiße Getränk, während draußen der Schneefall ein wenig nachlässt und sogar die Sonne einige zaghafte Bahnen durch die Wolkendecke schiebt.

»Wie fühlst du dich?«, werde ich gefragt.

»Jetzt, wo wir hier in dieser Steinhütte sitzen, nicht so schlecht. Sorge macht mir nur das Wetter.«

»Mir nicht! Es gehört zu den Pyrenäen und es ist gut, dass es nach wie vor unberechenbar bleibt. Alles andere wäre unecht, vorgetäuschtes Leben. Das, was wir heute erlebt haben, haben die Menschen hier zu allen Zeiten mitgemacht. Mich verbindet das mit ihnen. Ich gehöre zu ihnen und will nichts schöner haben als sie. Pierre Maury, mein Vorfahre, der hier auch vorbeigezogen ist, rückt mir durch solch ein Erlebnis ganz nahe. Das gefällt mir einfach und deshalb breche ich auch immer wieder mit der Herde auf, auch wenn ich es eigentlich nicht mehr müsste.«

Zwischen zwei Schlucken Tee teilt er mir wenig später mit, dass wir heute nicht mehr weiterziehen werden, sondern hier über Nacht bleiben. Während wir eine Weile schweigend dasitzen und uns ausruhen, ändert sich draußen das Wetter – sozusagen von einem Augenblick zum anderen. Die Sonne vertreibt die Schlechtwetterfront und lässt den Schnee funkeln. Als wir aus der *cabane* treten, um nach der Herde zu sehen, lacht uns ein fast blauer Himmel an. Die Natur ist wieder zur Ruhe gekommen, der Sturm aus Schnee und Hagel hat sich westwärts verzogen. Wir können beinahe bis nach Mont-Louis sehen, das jenseits eines großen Waldstücks im Tal liegt. 1953 entwarf hier der Ingenieur Félix Trombe das erste Sonnenkraftwerk überhaupt, das 1968 wenige Kilometer westlich in Odeillo bei Font-Romeu als größtes seiner Art in Betrieb genommen wurde.

»Wir werden morgen früh zum Lac des Bouillouses hinabsteigen und dort ein, zwei Tage bleiben. Es ist ein wirklich traumhafter Ort, glaube mir, und alle Schäfer der Region ziehen im Sommer regelmäßig mit ihren Herden dorthin.«

Während Jean noch einmal nach den Schafen gucken geht und auch die Hunde versorgt, die freudig an ihm hochspringen, weil sie sich auf ihr Fressen freuen, betrachte ich eingehend die eindrucksvolle Bergwelt um mich herum. Sie ist herrlich. Unmittelbar vor mir ragt der Carlit auf, dessen drei Spitzen mit Schnee bedeckt sind. Seine Flanken sind schroff und abweisend, aber nur einige hundert Meter tiefer breiten sich vor meinen Augen grüne Almen, kleine Wälder, enge Schluchten neben weiten Tälern mit blauen Seen aus. Ein starker Anblick, der in mir die Vorfreude weckt, das alles schon bald näher kennen zu lernen und zu durchwandern.

Am Abend gibt es erneut eine karge Mahlzeit, aber das stört mich nicht mehr so sehr wie noch vor Tagen. Jean erzählt mir von Llivia, einer spanischen Enklave, nicht weit entfernt von uns. Er schätzt die Luftlinie zwischen uns und der Stadt auf knapp 20 Kilometer. Llivia nimmt in den Pyrenäen eine Sonderstellung ein, weil sie zwar spanisch ist, aber auf französischem Gebiet liegt.

»Das kommt daher, dass im Pyrenäen-Frieden von 1659 zwar 33 Dörfer der Cerdanya-Gegend an Frankreich abgetreten worden waren, Llivia aber nachträglich seinen Status als katalanische Stadt geltend machen konnte und so spanisch blieb. Damals hieß das hübsche Städtchen mit den engen Gassen noch Julia Lybica, was eigentlich an eine Frau erinnert. Sehenswert ist heute vor allem eine alte Apotheke von 1594, die immerhin noch bis 1918 in Betrieb war.«

Und weil mich als Schriftsteller bemerkenswerte Geschichten interessieren, erfahre ich von Jean die traurige Story zweier Liebenden, denen die Politik, vielleicht aber auch die Religion ihre Liebe verwehrte.

Ein maurisch-christliches Liebesdrama

Alles geschah vor hunderten von Jahren. Damals gehörte Llivia noch den Mauren und war islamisch geprägt. Der Stellvertreter des Kalifen von Cordoba hieß Munuza und soll ein gerechter Herrscher gewesen sein. Er liebte das friedvolle Leben mehr als alles andere. Deshalb unterzeichnete er eines Tages auch ein Friedensabkommen mit dem Grafen von Toulouse. Dabei begegnete er dessen Tochter Lampégie und war sofort von ihr verzaubert. Die Schönheit dieses Mädchens priesen alle Sänger des Languedoc-Roussillon in ihren Liedern, und mancher adelige Spross fragte sich, ob er Lampégie einstmals würde heiraten dürfen. Sie war der ganze Stolz ihres Vaters, und er hütete sie wie seinen Augapfel. Munuza entbrannte also in heftiger Liebe zu dem schönen Mädchen und Lampégie erwiderte sein Begehren. Ihr Vater war darüber entsetzt, denn schließlich war Munuza ein Moslem. Er verbot Lampégie diese Beziehung, denn sie würde niemals von Gott gebilligt und vom Papst gesegnet werden. Aber das Mädchen hörte nicht. Munuza selbst soll aus einem Berberstamm Nordafrikas gestammt haben und war eigentlich vom Kalifen Abder-Rahman nach Llivia geschickt worden, um sowohl Krieg mit den verhassten Christen zu führen als auch um neue Gebiete dem Islam zu unterwerfen.

Als dem Kalifen zugetragen wurde, dass sich Munuza weigerte den Grafen von Toulouse anzugreifen und stattdessen das christliche Mädchen Lampégie zu sich nach Llivia geholt hatte, weil er ihr ewige Liebe und Treue geschworen hatte, wurde er sehr, sehr zornig. Er befahl seinem Statthalter Munuza, endlich Krieg zu führen, wie es seiner Stellung und Aufgabe entsprach, und nicht als Liebhaber in die Geschichte einzugehen. Andernfalls würde er die Konsequenzen seiner Verweigerung tragen müssen. Aber

Munuza blieb standhaft und führte auch weiterhin keinen Krieg gegen die Christen. Da schickte der Kalif wutentbrannt eine große Armee auf den Weg, die Llivia belagerte, zuletzt einnahm, um Munuza gefangen zu nehmen. Aber der war vorher zusammen mit seiner Geliebten Lampégie aus der Stadt geflüchtet. Sein Ziel: der Graf von Toulouse. Ob der die beiden jedoch freundlich aufgenommen hätte, werden wir niemals erfahren, denn auf dem Col de Puymorens, nahe bei Andorra, wurde Munuza von den Soldaten des Kalifen eingeholt und im Kampf getötet. Als die Soldaten nach Llivia zurückkehrten, soll Munuzas Kopf auf einer Lanze durch die Straßen getragen worden sein. Auf einer zweiten steckte der Kopf seiner schönen Geliebten. Dem Kalifen von Cordoba wird in den Mund gelegt, dass er damals zum Befehlshaber seiner Truppen gesagt haben soll: »Niemals hast du in den Pyrenäen ein schöneres Wild gestellt als heute!«

Es bleibt jedoch unsicher, ob Lampégie wirklich getötet worden war oder ob sie ihr restliches Leben, vergessen von ihrer Familie in Toulouse, in einem Harem in Cordoba verbrachte – zu Tode unglücklich, weil sie Munuza immer noch liebte.

An dieser Stelle muss ich unbedingt etwas über das Wetter und vor allem über die Winde des Roussillon schreiben. Denn sie sind hier für die Menschen eminent wichtig – wobei ich damit nicht in erster Linie die Touristen meine.

Nach dem Unwettereinbruch am Col hatte sich die Situation zu unserem Glück schlagartig geändert – was typisch ist für den Roussillon. Wer hier nur kurz verweilt, zwei, drei Wochen lang, der wird das Klima dieser Region als gleich bleibend angenehm empfinden. Die Winter sind mild, die Sommer nicht allzu heiß, was man an der Durchschnittstemperatur im Juli von knapp 24 Grad erkennen kann. Wer hier jedoch länger bleibt, ein ganzes Jahr vielleicht oder noch länger, dem wird nicht verborgen bleiben, dass der Roussillon ein Land der Kontraste ist: Schnee auf dem Gipfel des Canigou, wenn in der Ebene Zitronenbäume und Oleander blühen. Extreme sind hier erfahrbar! So habe ich im Dezember schon einmal vier Tage zum Mittagessen auf der Terrasse von Herberts Haus gesessen, bekleidet mit einem T-Shirt, und nur ein Tag später fegte ein kalter Nordwind über das Land, und die Temperaturen sanken schlagartig auf unter Null Grad. Versuchen Sie dann einmal, die Häuser zu heizen und die Zimmer warm zu bekommen, wenn diese nicht isoliert sind! Zudem pfeift ein eiskalter Nordwind durch zahlreiche Ritzen und treibt einem Schauer über den Rücken, so dass man entsetzt ausrufen könnte: »Selten so gefroren wie hier am Mittelmeer!«

Das winterliche Roussillon kann also ganz schön unangenehm sein. Doch auch im Sommer kann der Urlauber eine andere, nicht weniger unerfreuliche Erfahrung machen. Nämlich dann, wenn er sich ein frisches Baguette kauft und zu Hause feststellen muss, dass es unterwegs überraschend schnell pappig geworden ist. Das Klima zeigt sich in diesem Fall von seiner feucht-trockenen Variante, verzieht Türen und Fenster, sodass sie sich nicht mehr öffnen lassen, weil sich das Holz mit einer starken Feuchtigkeit vollgesogen hat.

Und dann die unterschiedlichen Winde, die im Übrigen das Bild des Rousillon prägen, wie nichts anderes. Hier weht es fast immer und ununterbrochen. Der bekannteste Wind ist die *Tramontane*, ein Nordnordwest-Wind, der so richtig heftig übers Land gehen kann und dabei alles umherwirbelt, was nicht niet- und nagelfest ist. Sein Entstehen verdankt die Tramontane den Temperaturunterschieden zwischen den kühlen Bergen und der milden bis heißen Ebene. Höhenluft fällt dann mit Gewalt ins Flachland ein, peitscht das Meer auf zu weißen Kronen und treibt so manchem Wohnwagenfahrer auf der Autobahn gen Süden den Schweiß auf die Stirn, weil sein Gefährt hin und her schwankt, als ob es zum Spielball eines Riesen geworden sei. Kein Wunder, denn die *Tramontane* dreht ohne weiteres auf 100 Kilometer pro Stunde auf und das an etwa 80 Tagen im Jahr. Was Touristen verschreckt, erfreut wiederum die Menschen des Landes. Diesem Wind widersteht keine Wolke am Himmel, sodass die *Tramontane* jeden grauen Schleier zerfetzt und den Himmel in kürzester Zeit strahlend blau fegt.

»Wir nennen sie Pfeifmontane oder auch Fegemontane«, erklärte mir mal ein Weinbauer. »Sie beginnen plötzlich zu wehen. Aber wir lieben sie alle, denn ein paar Pfiffe, drei-, viermal durch die Luft gefegt, und der Himmel ist wieder klar.«

Ein anderer Wind ist der *Marin,* der am Meer, genauer in der Bucht von Roses in Spanien, seinen Ursprung hat und als Südost-Wind mit viel Regen über den Roussillon herfällt. Im Gegensatz zum *Marin* hüllt die *Marinada* – ein sehr häufig auftretender Wind – das Land in einen dichten, leicht salzigen Nebel ein. Ungesund ist dagegen der *Vent d'Espagne,* der als spanischer heißer Wind graue Regenwolken vor sich herschiebt. Im Sommer bedeckt er als eine Art *Scirocco* das ganze Roussillon mit einer feinen Wüstenstaubschicht. Wer an Depressionen leidet, wird diesem Wind gerne aus dem Weg gehen, und die Weinbauern hassen ihn, weil er die Trauben zum Faulen bringt.

Winde im Roussillon. Jeder Bewohner hier erzählt von ihnen, wenn man ihn danach fragt. »Im August«, empfahl mir Herbert, »solltest du besser in Deutschland bleiben. Der *Vent d'Espagne* sorgt dann häufig für eine drückende Schwüle und sehr heftige Gewitter. Dann ist es wenig angenehm hier.«

Trotzdem, wer das Roussillon liebt, liebt es zu jeder Jahreszeit und nicht nur dann, wenn sich die Natur hier von ihrer Schokoladenseite zeigt. Trotz aller Widrigkeiten, die über dich in den Bergen hereinbrechen können – vertraue den Winden, heißt es hier optimistisch.

Jahrtausendealte Dokumente und Informationen in Stein

Vor Jahren machte mich ein Freund auf den Mont Bego in den Seealpen aufmerksam. Der Berg als solcher ist kaum der Rede wert und hat weder eine markante Form, noch ist er schwierig zu besteigen. Wenn man von Tende aus durch das Tal der Wunder kommend zu ihm hochsteigt, fragt man sich schon, was es an diesem Ort schon Ungewöhnliches zu bestaunen geben soll. Dann stößt man auf die ersten Felsbilder und es werden immer mehr. Ganze Felsflächen sind übersät davon, sodass man aus dem Gucken und Staunen nicht mehr herauskommt.

Der Mont Bego hält für Archäologen die bedeutendste Felsbildfundstätte in den gesamten Alpen bereit und er liegt ungefähr 50 Kilometer Luftlinie nördlich von Nizza. Die in den Fels geritzten Bilder finden sich in einer Höhe von 2300 bis 2500 Meter. Ich habe mich damals mehr als einmal gefragt, warum ausgerechnet der unscheinbare Mont Bego vor Jahrtausenden die Aufmerksamkeit der Menschen auf sich gezogen hat. Warum wurden er und die ihn umgebenden Täler von den Menschen der Bronzezeit als etwas Besonderes angesehen? Das muss so gewesen sein, denn sonst wären sie wohl nicht in Höhen bis zu 2500 Metern vorgedrungen, um dort die Bilder von Tieren, Häusern, Waffen und anthropomorphen Gesichtern in den Stein zu ritzen oder, wie man es wissenschaftlich ausdrückt, zu punzen. Es handelt sich um ein Gebiet, das auf

Grund der Witterungsverhältnisse – die Bilder liegen acht Monate unter Schnee begraben – unbewohnbar war und in dem man sich nur vorübergehend aufhalten konnte. Dass es sich um eine Ehrfurcht gebietende Gegend handeln musste, zeigen auch noch die heutigen Namen wie Val d'Inferno, Cima di Diavolo oder Valmasca – was so viel wie Tal der Zauberin bedeutet.

Einige vermuten, dass es auf dem Berg selbst ein Heiligtum gegeben hat, zu dem die Menschen pilgerten. Man hat die Steine mit Schreibtafeln verglichen, die einer Aufforderung gleichkamen, die eigenen Vorstellungen in Form von Botschaften weiterzugeben. Ähnlich den Zeichenfelsen, die an hervorstechenden Landmarken dazu benutzt wurden, um eine Nachricht zu hinterlassen.

Jahrtausendealtes Steingraffito.

Ich vermute, dass es gerade die Abgeschiedenheit der Bergregion gewesen ist, die die Menschen der Bronzezeit zwischen dem Jahr 2000 v. Chr. bis zu Christi Geburt hierher gelockt hat. In diesem einsamen Gebiet und nahe den Wolken konnten die Menschen den Göttern quasi bis zur Türschwelle ihrer himmlischen Behausung folgen. Aus diesem Grunde verspürte man gerade hier in den Höhen das Wirken göttlicher Kräfte, die einem die Zwiesprache mit der Gottheit erleichterten oder erst ermöglichten. Und wo man durch Punzierung hierfür geeigneter Felsflächen jene magischen Bilder anbringen konnte, die eine Botschaft oder Bitte an die Gottheit zum Ausdruck bringen sollten. Es sind Bilder aus einer Zeit, in der die Menschheit bereits von der Jagd zu Viehzucht und Ackerbau übergegangen war.

Der Mont Bego liegt abseits der Touristenströme und ist kaum in den Reiseführern erwähnt. Ausgangspunkt für den Besuch des wichtigsten Fundplatzes von Felsbildern am Mont Bego, des Val des Merveilles, ist Saint Dalmas-de-Tende in der Nähe des Col de Tende.

26. Mai

Ein schöner Morgen mit viel Sonne und nur wenig Wind. Heute sind wir mit der Herde zum großen und einsam gelegenen See Bouillouses gezogen. An seinem östlichen Ufer gibt es viel Wald und größere Grasflächen, auf seiner entgegengesetzten Uferseite dagegen Fels und steile Hänge. Der See liegt still und geheimnisvoll da. Ein urwüchsiger Ort, der mich wie magisch anzog. Hier wollen wir ein, zwei Tage bleiben, ein wenig umherziehen, die Natur genießen. Dabei hat mir Jean eine aufregende Stelle gezeigt.

Jean führt mich zu einem Plateau mit einem See, dem die weiter unten im Tal lebenden Menschen vor Jahrhunderten den Namen Lac du Diable – Teufelssee, gegeben haben. Eine ähnliche Benennung aus dem Reich der Übernatürlichen hatte ich ja auch am Mont Bego kennen gelernt.

Wir sind an diesem Morgen ohne die Herde unterwegs. Jean scheint irgendetwas arrangiert zu haben. Er will mit mir zu einem Gebiet wandern, das am Ende des Tales von Galbe, nördlich des Ortes Formiguères, liegt. Die Gegend, die wir dabei durchstreifen, ist so sehenswert und wunderschön wie die am See Bouillouses, wo die Schafe weiden. Bäche, kleine Wasserfälle, knorrige Bäume, die in einzelnen Gruppen stehen, Felsformationen, die an Gesichter von Tieren, Gnomen oder Sagengestalten erinnern, saftiges Grün unterhalb von kargen Hängen prägen das unverwechselbare Bild dieser Landschaft. Arkadien, das Reich, wo die Götter leben, ist keine übertriebene Bezeichnung dafür. So wie jetzt hat es hier auch vor Jahrtausenden ausgesehen. Und ob ich nun ein hoffnungsloser Romantiker bin oder nicht, ich behaupte einmal, dass auch die Menschen in jener fernen Vergangenheit diese Region nahe den Wolken als das Arkadien der Götter betrachtet haben können.

Nach einer dreieinhalbstündigen Wanderung erreichen wir endlich das Zielgebiet. Zwar ein wenig erschöpft, platze ich dennoch vor Neugier auf das, was Jean hier für mich bereithält. Und dann sehe ich es. Ähnlich wie am Mont Bego wurde auch hier die halbwegs glatte Seite eines Felsens mit verschiedenen Zeichen und Symbolen bedeckt. Ich sehe Zickzack-Linien, Kreise, Rechtecke, Kreuze und Bilder, die an Räder erinnern. Jean blickt mich aufmerksam an und erfreut sich an meinem erstaunten Gesichtsausdruck. Die Überraschung ist ihm gelungen.

»Fantastisch!«, sage ich.

»Ja? Dann komm mal mit. Wenn du das hier schon fantastisch findest, was hältst du dann davon?«

Er führt mich durch ein Felsenlabyrinth zu einem kleinen Überhang, einem Abriss, wie ihn der Archäologe nennt. An einer Stelle erkenne ich äußerst eindrucksvolle Bilder von Tieren und Menschen. Sind es nackte Tänzer und Tänzerinnen in Ekstase? Staunend betrachte ich auf den Fels gemalte, einfache Darstellungen von Männern und Frauen, denn der unbekannte Künstler hat ihre äußerlichen Geschlechtsmerkmale deutlich herausgestellt. Dann meine ich Vögel zu sehen und eine seltsame Gestalt, deren Gesicht durch ein paar geometrische Linien wie maskiert wirkt, dann einen Hirsch, dem eine Hirschkuh folgt, Fabelwesen. Ich bin fasziniert.

»Offiziell wurden diese Graffiti 1958 von einem gewissen Abbé Abelenet entdeckt. Der Pfarrer unternahm seinerzeit sehr gerne Ausflüge ins Gebirge, zum Teil auf dem Eselsrücken. Eines Tages soll er zufällig darauf gestoßen sein.«

Ich beobachte aufmerksam jede Regung in Jeans Gesicht und weiß auch mittlerweile seinen unterschiedlichen Tonfall bei bestimmten Dingen richtig zu deuten. Seine Ironie ist nicht zu überhören.

»An dieser offiziellen Darstellung gefällt dir etwas nicht?«

»Aber ganz entschieden! Bevor sich christliche Würdenträger in die Berge trauten, sind doch die Schäfer und Wanderprediger der Katharer darin unterwegs gewesen. Meinst du, die wären alle blind durch die Welt gelaufen? Schäfer wie ich haben diesem See dort drüben den Namen Lac du Diable gegeben. Solche Bezeichnungen deuten von jeher auf etwas Ungewöhnliches hin. Schon vor Jahrhunderten werden diese Felsbilder bei den Schäfern bekannt gewesen sein. Aber ich verrate dir noch mehr. Siehst du diese Ansammlung von Punkten dort hinten? Das sind Sterne oder besser, es ist ein bestimmtes Sternbild.«

»Woher willst du das wissen?«

»Weil es noch zwei weitere Bilder ähnlicher Art in den Pyrenäen gibt.«

Ich bin beeindruckt und aufgeregt zugleich. Das sind die Dinge, von denen ich nur zu gerne höre. Meine Aufmerksamkeit ist zum Platzen gespannt.

»Damals lebten die Menschen als Jäger und Sammler und sie bewohnten bevorzugt die Höhlen und Grotten der Pyrenäen. Aber es trieb sie auch auf die Berghöhen und in die Täler hinaus. Weil sie jagen wollten und weil sie heilige Orte suchten, wo sie dem Göttlichen ganz nahe sein konnten. Nachts sahen sie die Sterne am Firmament funkeln und im Laufe vieler Generationen, die ihr Wissen an die nächsten weiter reichten, stellten sie auch Veränderungen am Himmelszelt fest. Es gab Sonnen- und Mondfinsternisse, Kometen, Sternschnuppen, Explosionen im fernen All und vieles mehr. Das alles hat die Menschen von jeher fasziniert. Und so haben sie sowohl hier draußen – in Arkadien, dem Götterland, wie du es nennst –, als auch in der weltberühmten Höhle von Niaux, die nicht weit von hier liegt, bestimmte Ereignisse festgehalten. So zum Beispiel auch in der Cueva de El Castillo – das ist eine Höhle in etwa 355 Meter Höhe in der Provinz Santander, also in Spanien. Hier gibt es ein merkwürdiges Felsbild, das, wie man herausbekam, ein Sternbild, nämlich die Nördliche Krone (*Corona Borealis*), in seiner Stellung über dem Ort der Höhle vor mehr als zehntausend Jahren darstellt.

Wie sieht es dort aus? Zunächst einmal geht es durch einen 20 Meter hohen Eingang hinunter in die unterirdischen Räume. Das gesamte Gangsystem erstreckt sich über 300 Meter weit in den Berg. Es geht steil hinab in einen ersten großen Saal. Hier gibt es noch keine Felsbilder. Dann, 18 Meter vom Eingang entfernt auf der linken Seite, verengt sich der Raum. Der Weg geht weiter durch einen neun Meter langen, schmalen Gang, der mit etwas Mühe zu passieren ist. Er weitet sich in einen riesigen, gut 100 Meter langen Raum, den sogenannten Großen Saal. Tief im Inneren und vom Tageslicht unberührt, tauchen im Schein des künstlichen Lichtes an vielen Stellen Gravierungen und Malereien auf. Darunter zeigen die nördlichen Felswände eine eindrucksvolle und seltsame, fast fünf Meter lange Malerei, den ›Fries der Hände‹.

Dort springen einem sofort 30 leuchtend rote Hände ins Auge, in Schablonentechnik negativ gemalt. Linke und rechte, einzeln und paarweise gesetzt, wechseln einander ab. Die Fingerspitzen zeigen in bestimmte Richtungen, mal senkrecht aufwärts, selten senkrecht abwärts, mal waagrecht nach links oder rechts, bezogen auf das Niveau der Höhlensohle. Die Hände folgen einander in zwei auffälligen Zonen: Die eine, im linken Teil der Komposition, verläuft annähernd senkrecht, die andere, in der Mitte und im rechten Teil, fast waagrecht. Hervorzuheben ist nun ein Felsbild, das man als ›Sieben Tupfen im Halbbogen‹ bezeichnen kann.

Was ist zu sehen? Sieben ockerfarbene Tupfen mit einem mittleren Durchmesser von zwei Zentimetern gestalten einen nach unten, zum Höhlenboden hin gewölbten, gleichmäßig gekrümmten Bogen.

Um die Farbpunkte nach ihrer Form und Anordnung besser zu erfassen, werden sie in dieser Studie von rechts nach links mit den Buchstaben von A bis G bezeichnet. Sie haben unterschiedliche Durchmesser. Der Tupfen C sticht sofort ins Auge: Seine Fläche ist deutlich größer als die seiner Nachbarn. Diese sieben Tupfen können nun eindeutig einem Sternbild zugeordnet werden. Dabei entspricht der größere Tupfen C dem hellsten Stern des Sternbildes Gémma und, stell dir vor, das Alter der Felsbilder wurde auf 12 000 vor Christus datiert.«

Jean unterbricht seinen Vortrag und blickt mich herausfordernd an.

»Toll!«, sage ich. »Sternenfunkeln in der Steinzeithöhle. Wer hätte das gedacht?«

»Eben! Und die Menschen, die damals hier lebten, haben bevorzugt Sternenbilder in den dunkelsten Winkeln ihrer Höhlenbehausungen an die Wände gemalt. So, als wollten sie damit deutlich machen, dass man Sterne ja nur nachts am besten sieht. Und übrigens, es gibt noch eine vergleichbare Figur aus sieben ockerfarbenen Tupfen im Halbkreis in der Grotte de Niaux bei Tarascon-sur-Ariège. Genau wie in der Cueva des Castillo ist auch hier ein Tupfen, wieder der dritte von rechts nach links gezählt, unter den anderen hervorgehoben: der Stern Gémma in der Nördlichen Krone. Der Zeichner hat ihn ein wenig aus dem Halbkreis herausgesetzt, um seinen Ort zu betonen. Geschätztes Alter: zwischen 8000 und 10 000 Jahre vor Christus. Unglaublich, nicht?«

Wer will ihm widersprechen? Langsam nehmen wir unsere Rückkehr zur Herde am See Bouillouses in Angriff. Was für eine erstaunliche Landschaft, denke ich immer wieder, während ich zugleich darauf Acht geben muss, in dem steinigen und sehr unebenen Gelände nicht umzuknicken. Arkadien, das ist für uns Heutige auch zugleich das Land, wo der gute Hirte seine Herde beschützt. Ob die Menschen, die hier die Felsbilder schufen, schon Schafe kannten? Vielleicht haben die Hirten der Vorzeit die fantastischen Bilder in die Felsen geritzt, weil sie spürten, dass dieser Ort hier der Vorstellung von einem Paradies schon ganz nahe kam?

Wie werden eigentlich Hütehunde gemacht?

Am ersten Abend am Lac des Bouillouses erhalten wir überraschend Besuch. Nun ja, überraschend ist es wohl nur für mich, denn Jean scheint ihn erwartet zu haben. Vermutlich haben die beiden Männer vor unserer Wanderung diesen Termin miteinander abgemacht. Ich bin richtig erschrocken, als ich ohne Vorwarnung eine fremde Stimme höre, und zucke mächtig zusammen. Ein Mann mit langem Mantel und breitkrempigem Hut tritt zu uns ans Feuer und begrüßt Jean herzlich. Es ist ein alter Freund von Jean, der von Mont-Louis aus zu uns hoch in die Einöde gewandert ist. Auch die zwei Hunde scheinen ihn zu kennen und lassen sich von ihm das Fell kraulen. Jean stellt ihn mir als Jérôme Labatut vor.

»Ich kenne Jérôme schon seit meiner Kindheit. Mein Vater und er waren miteinander befreundet. Von Jérôme habe ich alles erfahren, was es über Schafe zu wissen gibt und wie man einen guten Hütehund bekommt. Sein Sohn Pierre hat gestern, als wir unterwegs waren, die Herde gehütet. Du hast ihn ja noch kurz kennengelernt.«

Ich nicke und begrüße den drahtigen, älteren Herrn mit dem frischen, glatten Gesicht und schätze ihn auf Ende fünfzig, Anfang sechzig Jahre. Seinen Sohn Pierre habe ich nach unserer Rückkehr von den Felsbildern nur kurz sehen und sprechen können, weil er wieder zurück ins Tal musste. Und heute steht also sein Vater vor mir, der als sehr erfahrener Schäfer gilt. Was sein wahres Alter angeht, so liege ich jedoch völlig falsch, denn später erfahre ich von Jean, dass Jérôme bereits stramm auf die achtzig zugeht. Sehr schnell spüre ich, dass Jean diesem alten Schäfer sehr viel verdankt. Offensichtlich hat er seine ganze Ausbildung bei ihm bekommen.

Wie es halt bei Südfranzosen so üblich ist, ist Jérôme nicht mit leeren Händen gekommen. In seinem Rucksack befindet sich ein Plastikkanister mit gut und gerne drei Litern Wein. Davon wird jetzt getrunken, während Jérôme und Jean ins Schwärmen kommen, weil sie von alten Zeiten erzählen. Als sie merken, dass mich die Ausbildung der Hütehunde, deren Leistungen ich nur immer wieder bewundern kann, besonders interessiert, erzählt Jean, was er darüber bei Jérôme gelernt hat.

An diesem Abend am offenen Feuer im Gelände und bei halbwegs frischem Baguette und Rotwein geht es um die Frage, was einen guten Hütehund ausmacht. Ich höre Erstaunliches. Jedem erfahrenen Schäfer zufolge erkennt, wählt und formt ein guter Hütehund die natürlichen Grenzen einer Herde instinktiv. Was heißt das? Allem Anschein nach hat der Hütehund ein Konzept, wonach er instinktiv eine Abgrenzung aufnimmt und formt, um die Herde unter Kontrolle zu halten. Dabei kann das Ausmaß einer Herde und das von den Abgrenzungen abgedeckte Gelände sehr groß sein. In den letzten Tagen habe ich das bei unserer Wanderung durchs Gebirge recht gut beobachten können. Die Abgrenzungsarbeit, die die zwei erfahrenen Hütehunde dabei ausführen, ist beeindruckend. Jedoch selbst beim Beobachten dieser Arbeitsausführung blieb mir das Konzept des »Abgrenzungsinstinkts« unbegreiflich – gute Abgrenzungsarbeit schaut so präzise und ordentlich aus, dass man meinen möchte, sie wäre antrainiert.

»Nein!«, widersprechen mir beide Schäfer heftig. Ich merke schon, ich sitze unter Fachleuten. Und Jean fügt hinzu: »Jeder wohl gezüchtete Schäfer- oder Hütehund leistet seine Arbeit rein instinktiv, verstehst du? Rein instinktiv!«

Ich bin beeindruckt und erfahre weiter, dass während der Lernzeit die späteren Hütehunde immer auf freien, bepflanzten Feldern mit klar sichtbaren, selbst erstellten Grenzen arbeiten. Dass es sich hierbei nur um reinen Instinkt handeln soll, kann ich kaum glauben und mein Gesichtsausdruck drückt dies überdeutlich aus. Die beiden Männer schauen sich grinsend an, nehmen einen Schluck aus dem Kanister, der reihum geht, und fahren fast gemeinsam fort, mir die Ausbildungsarbeit des Hütehundes zu erklären.

»So wie du«, sagt Jean, »habe ich auch lange Zeit gedacht. Das Licht ging mir erst auf, als ich mal eine Woche im Mai mit Jérôme verbrachte. Von da an wusste ich um die Bedeutung von ›Instinkt‹ bei der Auswahl von Schäferhunden zum Schafehüten. Klar ist und unstreitig, dass jeder Hund mit einem starken Trieb und einer starken Hingezogenheit zum Schaf trainiert werden kann, große Herden zu hüten. Kein Widerspruch! Aber wenn dieser Hund keine angemessenen Instinkte fürs Schafehüten mitbringt, dann wird er niemals das Verhaltensrepertoire entwickeln, das notwendig ist, ein verlässlicher Hütehund zu werden. Was bedeutet, dass man ihm vertrauen kann, die Herde allein, ohne irgendwelche Befehle des Schäfers, sicher in Grenzen zu halten.«

Aufmerksam höre ich zu. Damals hatte Jean erlebt, dass sich Jérôme zur Lammungszeit auf dem Feld besonders um ein Mutterschaf kümmern musste, das ein Junges zur Welt brachte. Dabei gab es Komplikationen. Bei der doch ziemlich großen Herde ließ der Schäfer nur seinen Hund Zouave als Aufpasser zurück.

»Ich beobachtete Zouave, wie er völlig allein alle vier Grenzen für mehr als eine Stunde hütete, bis Jérôme zurückkam. Für mich besteht kein Zweifel, dass Zouave den ganzen Tag lang diese Schafe allein weiter gehütet hätte, wenn er gemusst hätte«, sagte Jean und ich merkte ihm auch jetzt noch an, wie erstaunt er damals über diese Tatsache gewesen war.

Um die Sache noch herausfordernder für den Hund zu machen, besteht die Frühlingsherde zu 50 Prozent oder mehr aus Lämmern, die zwischen Oktober und März geboren wurden. Den Winter über werden die Tiere meist in Scheunen untergebracht, sodass der Frühling für die meisten Lämmer das erste Mal auf der Weide bedeutet. Die Lämmer sind es weder gewöhnt, dem Schäfer zu folgen, noch zu kommen, wenn er sie ruft. Was machen diese Lämmer?

»Sie kundschaften das Terrain aus, wollen eine gute Zeit haben, ärgern sehr gern die Älteren, benehmen sich im Übrigen wie kleine Schulkinder in der Pause«, brummte Jérôme. Tatsächlich tischte mir der alte Schäfer seine junge Herde immer als seinen »Kindergarten« auf.

»Im Frühling ist für eine Herde mit jungen Lämmern alles neu, weil die Jungen alles Mögliche ausprobieren wollen«, fährt Jean fort zu erzählen. »Die Älteren bilden randalierende Banden, welche die Mutterschafe mit den jüngeren Lämmern belästigen, bis die Mutterschafe sie endlich davonjagen. Dabei spielen sie am liebsten Kopfstoßen, toben umher und legen sich schließlich in die Sonne, um zu schlafen. So verläuft es immer und so war es auch damals. Und dann kam der Moment, an dem ich sah und lernte, was Jérôme mit Abgrenzungsinstinkt meinte.«

Erneut unterbricht er sich. Ich lehne mich entspannt gegen einen Felsen, über mir der dunkle Himmel, übersät mit kaum mehr als nadelkopfgroßen, funkelnden Punkten. Kein Wind, nicht zu kalt, die Herde ruht, und die Hunde dösen am Holzfeuer.

Jean holt tief Luft, und nimmt seinen Erzählfaden wieder auf: »Ich hatte Verve, meine junge Hütehündin, mit dabei. Am ersten Morgen draußen zeigte Verve einen äußerst starken Antrieb und viel Energie bei der Arbeit mit den Schafen. Sie zeigte auch eine sehr starke Bereitschaft, mich zufrieden zu stellen. Verve hatte die beiden Anlagen, die für einen guten Hütehund absolut erforderlich sind: Antrieb und Ausdauer. Jedoch fehlte bei Verve die weitaus wichtigere Anlage, nämlich das, was einen guten Hütehund zu einem großartigen Hütehund macht – Verve fehlte die natürliche Fähigkeit, ihren Trieb effektiv dazu zu nutzen, die Schafe selbstständig zu kontrollieren und in Grenzen zu halten.« Jean zeigt achtungsvoll auf den alten Schäfer. »Jérôme, der Erfahrene, platzierte Verve ans Gatter, als er die Schafe aus dem Pferch führte. Dann ließ er sie auf seiner Seite der Abgrenzung arbeiten, um zu sehen, was sie selbstständig und ohne irgendwelche Befehle machen konnte. Damals war Verve vier Jahre alt und durchaus daran gewöhnt, Schafe zu hüten – sie war also keine blutige Anfängerin.

Verve gab alles. Von Zeit zu Zeit stürmte sie in die Herde und griff harmlos nach einem Schaf, ohne jeglichen Grund. Wenn jedoch einige Schafe außerhalb der Abgrenzung umherstreunten, rannte sie an ihnen vorbei, als ob sie nicht da wären, und sie sicherte nie die ganze Länge der Herde ab. Die Schafe lernten schnell, sie zu ignorieren. Nachdem sie etwa 15 Minuten an der Abgrenzung vorwärts- und zurückgerannt war, rief Jérôme sie zu sich. Sie war schon total erschöpft. Wenn er sie nicht gestoppt hätte, hätte sie sich in kürzester Zeit völlig verausgabt.

Jérôme gab mir ein Zeichen, die Abgrenzung anzuschauen, die Verve für sich im frischen Gras gemacht hatte. Es war nicht nur eine Abgrenzung, es war eine fast zwei Meter breite Straße. Ich musste an den Tag vor vier Jahren denken, als Jérôme seinen neun Monate alten Rex das erste Mal mit aufs Feld gebracht hatte, um zu sehen, ob er bereit war, mit der Abgrenzungsarbeit zu beginnen. Ohne vorherige Erfahrung hatte Rex an seinem ersten Tag draußen mit den Schafen innerhalb kürzester Zeit seine Abgrenzung geformt – eine einzige Spur, nicht mehr als zwei Hände breit und die ganze Länge der Herde abdeckend! Ich erinnere mich, dass Jérôme an diesem Tag, als Rex an seiner Abgrenzung hin und her rannte, stolz verkündete: ›Das ist Instinkt‹. Aber zu Verve sagte Jérôme gar nichts.

So beobachtete ich Jérôme bei Verves ›Erziehung‹. Jérôme leitete ihren Trieb und ihre Energie um in entschlossene Arbeit, um den Schafe hütenden Notwendigkeiten gerecht zu werden. Jérômes ermutigende, beruhigende und lenkende Stimme ließ ihn in ständigem Kontakt mit Verve bleiben – er gab ihr nie die Gelegenheit, in ein Fehlermuster zu verfallen. Wenn sie von der Abgrenzung abkam, ermunterte er sie sofort, zurückzugehen und lobte sie. Wenn Verve nicht sofort verstand, was Jérôme ihr auftrug zu tun, wiederholte er die Befehle sanft und ruhig und gab ihr all die Zeit, die sie brauchte, um es für sich selbst herauszufinden. Das war Erziehung. Was ich beobachtete, war Verve, die sich selbst beibrachte, was von ihr erwartet wurde – ohne Stress. Das Ergebnis einer solchen Erziehung ist eine Hündin, die selbstständig arbeiten kann, mit Vertrauen auf die Grenzen ihres Instinkts.

Am Nachmittag ließ Jérôme Verve zu Hause und brachte Rex mit, seinen erfahrenen Hütehund, und Lea, eine vier Jahre alte Hündin aus seiner Züchtung. Lea hatte in etwa dieselbe

Erfahrung im Hüten wie Verve, und Jérôme wiederholte den gleichen Test, den er morgens mit Verve gemacht hatte. Die Schafe wurden auf die Weide gebracht und während Rex die äußere Abgrenzung bildete und innehielt, konnte sich Lea auf der Schäferseite der Herde auslassen.

Leas Art zu arbeiten stand in deutlichem Kontrast zu der von Verve. Sie hatte sogar einen weitaus höheren Antrieb bei der Abgrenzungsarbeit als Verve, aber sie tat es entschlossener. Leas Abgrenzung war geradlinig und eng und deckte die gesamte Länge der Herde ab. Dabei machte sie die Abgrenzung mit Vertrauen und Entschlossenheit geltend – jedes Schaf, das die Grenze überschritt, wurde schnell und effektiv bestraft. Diese Hündin stürmte niemals willkürlich in die Herde und die Schafe lernten schnell, sie und ihre Abgrenzung zu respektieren. Jérôme war sehr von ihr angetan.«

»Und das bin ich heute noch«, brummte Jérôme zufrieden und kraulte den Hund, der zu seinen Füßen lag.

»Ist das Lea?«, fragte ich.

»Nein, Lea war ihre Mutter, aber die hier hat ihren Instinkt geerbt. Nicht wahr, Lise?«

Der Hund stellte die Ohren auf und war sofort aufmerksam.

»Also«, fuhr Jean fort, »während der restlichen Zeit meines Besuchs nahm Jérôme abwechselnd Lea und Verve mit aufs Feld. Die Resultate waren die gleichen. Jérôme musste Verve ständig mit Stimmbefehlen bearbeiten – jeden Schritt, den sie unternahm, musste er dirigieren. Lea, auf der anderen Seite, brauchte so gut wie keine Führung vom Schäfer. Lea arbeitete hundertprozentig instinktiv, Verve nicht.

Jérôme hatte neue Welpen. Eines Morgens, bevor er sie fütterte, errichtete Jérôme eine große, breite Fläche in der Schafscheune und setzte die Welpen hinein. Das eine Ende der Testfläche gab den Welpen volle Sicht auf die Schafe, die in Pferchen ungefähr sieben Schritte entfernt gehalten wurden. Zuerst testete Jérôme sie auf Klangempfindlichkeit und Schüchternheit. Dann wählte er einen gut 35 Pfund schweren, jungen Schafbock aus und tat ihn zu den Welpen. Zwei oder drei Welpen klebten förmlich am Zaun und beobachteten Jérôme, als er das Lamm auswählte und herüberbrachte. Als das Lamm dann im Pferch platziert war, zeigten alle Welpen Interesse. Sie jagten das Lamm im Pferch hin und her – einige packten es, einige nicht. Zwei dunkelbraune Welpen, männlich und weiblich, und ein schwarz-hellbrauner, weiblicher Welpe zeigten den größten Antrieb beim Jagen und Packen des Lamms.«

»Man kann also schon beim Welpen erkennen, was in ihm steckt?«, fragte ich ungläubig.

»So ist es, Franjo«, antwortete Jean. »Ein guter Schäfer sucht sich seine Hunde bereits im Wurf aus, weil er ihre Anlagen erkennt und weiß, was er von den Hunden später zu erwarten hat.

»Und worauf achtet man dabei genau?«, will ich wissen.

»Du willst wohl Schäfer werden, was?«, sagte Jérôme lachend und fügte dann eine ausführliche Antwort an: »Als Erstes schaue ich immer auf die Intensität des Triebs, also das Interesse am Schaf. Behält der junge Hund auch in extremen Situationen ein starkes Interesse am Schaf und einen hemmungslosen Trieb, der ihn nicht aufhören lässt zu packen, selbst wenn das Schaf ihn bekämpft und herausfordert?

Zweitens suche ich nach einem Welpen, der das Lamm nicht anbellt. Für mich ist Bellen ein sicheres Zeichen für Unsicherheit und ein Hinweis auf schwache Nerven.

Drittens suche ich nach einem Welpen, der es ernst meint – einer, der wirklich eine Verbindung mit dem Schaf aufnehmen will, der es besitzen will, ohne Wenn und Aber, der sich von nichts ablenken lässt.«

Warum aber, so frage ich mich, ist es für den Welpen so wichtig, das Lamm nicht nur zu greifen, sondern es auch an den richtigen Stellen zu packen? Jérôme, so höre ich weiter, vergleicht den jungen Hund mit einem Kind, das noch nicht sprechen kann. Wie weiß die Mutter, was ihr Baby mag, was es will oder wovon es angezogen wird? Sie weiß es, weil es sich schnappt, was es haben will, und versucht, es in den Mund zu stecken. Der junge Hund tut dasselbe – er schnappt und beißt das Lamm, weil es ihn interessiert. Während er wächst und heranreift, sollte diese Hingezogenheit zum Schaf erhalten bleiben und sich hoffentlich verstärken. Jedoch sollte sich das Kontroll- und Abgrenzungsverhalten ganz allein entwickeln, sobald der Hund neun bis zwölf Monate alt ist. Deshalb besteht Jérôme immer darauf – falls der Hund die richtigen Triebe und rohen Instinkte besitzt – zu warten, bis der Hund ihm selbst zeigt, wann er bereit ist für seine Ausbildung. Jérôme hilft, lenkt und ermutigt den Hund, die Aufgabe mit seinen maximalen Fähigkeiten zu erfüllen, aber er zwingt ihn nicht, eine Leistung zu vollbringen, die über seine natürliche Bereitschaft und Fähigkeit hinausgeht.

Der Grund dafür ist einfach: Die Arbeit des Schäfers auf dem Feld ist es, seine Schafe zu hüten, und dabei hat der Schäfer seine eigenen Aufgaben zu erfüllen. Wenn ein Schaf krank wird, muss der Schäfer es behandeln; wenn ein Schaf lahmt, muss er ihm helfen; wenn ein Mutterschaf Junge bekommt, muss er sie von der Herde entfernen usw. Während der Schäfer seine Aufgaben erfüllt, kann und will er nicht ständig auf seinen Hund aufpassen. Der Schäfer muss wissen und darauf vertrauen können, dass sein Hund seine Arbeit allein verrichtet, er muss darauf vertrauen, dass sein Hund die Herde innerhalb der angemessenen Grenzen hält und kontrolliert und dass sein Hund die Herde nicht beim Grasen stört. Wenn ein Hund nur unter ständiger Stimmkontrolle und Leitung des Schäfers eine gute Leistung zeigt, wie Verve es tut, aber nicht fähig ist, die Schafe selbstständig zu bearbeiten, dann ist der Hund nicht geeignet für den arbeitenden Schäfer.

»So, Franjo, jetzt weißt du«, beschließt Jean die »Unterrichtsstunde in Sachen Hütehund«, »warum Jérôme soviel Aufmerksamkeit darauf legt, die natürliche Fähigkeit und den natürlichen Instinkt in seinen Hunden einzuschätzen und zu fördern, und warum er sich so darum kümmert, diese Instinkte während der Erziehung zu nähren und zu schützen. Denn werden sie durch einen einzigen Erziehungsfehler, eine einzige, unangebrachte Ermahnung geschädigt, kann der Hund für ihn unbrauchbar werden.«

Ich nicke beeindruckt und mache mir hastig Notizen über das, was ich heute von diesen beiden erfahrenen Schäfern über die spezielle Ausbildung ihrer Hunde erfahren habe. Mir raucht der Kopf von der für mich ungewohnten Materie. Dankbar greife ich deshalb nach dem Weinkanister, den mir Jérôme hinhält, und ich genehmige mir einen großen Schluck. Danach ist bei uns die Luft so ziemlich raus. Jean gähnt als erster. Es ist sehr, sehr spät geworden und schon bald ziehen wir drei uns in unsere Schlafsäcke zurück. Morgen ist wieder ein neuer Tag!

Ein magisches Städtchen und noch eine tragische Liebe

Doch schon am nächsten Tag hocken wir wieder zusammen und schwatzen. Franzosen, besonders Schäfer, haben sich allem Anschein nach, immer etwas zu erzählen, denke ich. Aber es ist auch für mich interessant, was Jérôme so über das Leben in den Bergen zu berichten weiß. Und während der alte Schäfer von seinen Erlebnissen erzählt, will mir sein Familienname Labatut einfach nicht mehr aus dem Sinn. Wo habe ich ihn schon einmal gehört, frage ich mich immer wieder? Kenne ich jemanden, der so heißt? Mir fällt niemand ein, aber ich bin mir absolut sicher, dass ich diesem Namen, der ja recht ungewöhnlich klingt, schon einmal irgendwo begegnet bin. Nur wo? Im Ariège, erinnere ich mich, gibt es ein Dorf mit knapp 80 Einwohnern gleichen Namens. Aber das meine ich nicht. So zermartere ich mir weiter das Hirn. Labatut? Labatut? Ganz genau! Plötzlich weiß ich es. Ich habe den Namen vor einigen Jahren auf einem Friedhof gesehen und zwar auf zwei nebeneinander stehenden Grabsteinen. Der Grund, warum sie mir in Erinnerung geblieben waren, lag in den beiden Fotos unterhalb des Namens und der Jahreszahlen.

Der Friedhof, auf dem ich diese beiden Grabsteine mit ihrer ungewöhnlichen Botschaft entdeckte, liegt neben einer alten zerfallenen Kathedrale, die einstmals der ganze Stolz der kleinen Stadt an der Aude gewesen ist: Alet-les-Bains. Der Name des Städtchens macht es deutlich: Alet ist ein Thermalbad, des-

Die zerfallene Kathedrale von Alet-les-Bains.

sen heiße Quellen bei Verdauungsstörungen helfen. Beeindruckt hatte mich vieles in diesem ehemaligen Bischofssitz. Fast das ganze Jahr über herrscht hier ein besonders mildes Klima – im Gegensatz zu den anderen Städten im Umkreis –, was an seiner geschützten Lage und den 750 Meter hohen Bergen liegt, die wie ein Kessel die Häuser und Mauern von Alet-les-Bains umgeben. Zudem wird Alet noch heute von einem alten, einstmals Schutz gewährenden Mauerring aus dem 12. Jahrhundert fest umschlossen.

Als ich Alet das erste Mal besuchte, war es März und um die Mittagszeit. Der kleine Ort mit seinen engen Gassen und alten Häusern lag wie ausgestorben da. Auf meinem einsamen Rundgang entdeckte ich viele alte Katzen, die bei meinem Anblick augenblicklich in irgendwelchen Eingängen und dunklen Schlupflöchern verschwanden.

Vom Rathausplatz aus, mit seinen malerischen Fachwerkhäusern und einer aus verzierten Holzbohlen errichteten Säulenhalle, gehen diese kleinen Gassen, durch die ich damals den Ort durchstreifte, sternförmig aus. Im ältesten Haus von Alet hatte einst der berühmte Seher Michel de Nostre-Dame (Nostradamus) seine Kindheit verbracht. Was das Magische betrifft, so entdeckte ich an vielen Türstürzen seltsame Symbole und Zeichen, die ich mit Ausnahme der Pentagramme nicht zu deuten wusste. Bemerkenswert auch, dass ich mich auf einem kleinen Platz mit einem Brunnen in der Mitte unvermutet mit einer bronzenen Statue der griechischen Göttin Minerva konfrontiert sah. Was hatte sie hier in den Pyrenäen zu suchen, fragte ich mich verwundert? Unterhalb der Minerva hatte ein Steinmetz das Schlangenhaupt der Medusa aus dem Stein herausgearbeitet. Soll es die Benutzer des Brunnens versteinern, sie zumindest erschrecken?

Zuletzt erreichte ich auf meinem Streifzug die, wie es heißt, schönste Ruine Frankreichs – die Kathedrale von Alet, die 1577 während der Glaubenskriege von den Hugenotten zerstört und niemals mehr wieder aufgebaut wurde. Ihr Anblick ist schon deshalb so nachhaltig, weil man so selten auf Ruinen von Kathedralen stößt. Ich kenne neben dieser nur noch San Galgano in der Toskana, die zu einem Kloster gehört, das von den Mönchen aufgegeben wurde, nachdem im Mittelalter plötzlich das ganze Dach der Kathedrale nach einem Erdbeben eingestürzt war. In Alet-les-Bains stehen die Überreste der einstmals schönen und großen Kirche neben dem malerischen Bischofspark mit seinem herrlichen Baumbestand. Ich empfand den Ort in seinem engen Talkessel als sehr verwunschen, vor allem auch deshalb, weil es schien, als sei das Städtchen von seinen Bewohnern – aus welchem Grund auch immer – verlassen worden.

Findest du die Lebenden nicht, dann gehe zu den Toten, zitierte ich innerlich einen guten Freund, der einen gern mit solchen und ähnlichen Sprüchen überrascht. Der alte Friedhof liegt genau zwischen der heutigen Pfarrkirche Saint-André und der alten Kirchenruine. Ich erblickte zwei frische Gräber, ausgehoben an der aus rötlichem Sandstein bestehenden Außenmauer der ehemaligen Kathedrale. Die Menschen in Alet-les-Bains sind sehr gläubig und haben die Hoffnung, dass man ohne Umweg über das Fegefeuer sofort in den Himmel kommt, wenn man unmittelbar neben der Kathedrale beigesetzt wird. Am besten wäre es noch, könnte man direkt innerhalb der Ruine begraben sein, aber das ist leider nicht möglich, wie mich der alte Bäcker, der gleich gegenüber sein Geschäft hat, wissen ließ.

Während ich über den Friedhof schlenderte und mir die Namen und Jahreszahlen ansah, stieß ich auf eben jene zwei Grabsteine mit dem Namen Labatut, die mich innehalten ließen. Kein Ehepaar wurde hier beigesetzt oder Menschen, die ein langes Leben hinter sich gebracht hatten, vielmehr waren es Kinder. Auf dem linken Grabstein stand: Jeanine Laba-

Die Grabsteine der Labatut-Kinder.

tut 1919–1920, auf dem rechten: Guillaume Labatut 1928–1929. Dazu jeweils ein Foto der beiden Kinder: Jeanine auf weiße Kissen gebettet, ihr Bruder auf einem Dreirad fahrend. Das rührt an, weil man durch diese Fotos ihre Namen und ihr kurzes Leben mit zwei Gesichtern verbinden kann.

Was mag ihnen zugestoßen sein, rätselte ich? Acht Jahre liegen zwischen Tod des einen und Geburt des anderen Kindes. Jedes hat jeweils nur ein Jahr lang gelebt. Erst ein Mädchen, danach ein Junge. Die Eltern müssen ja bei der Parallelität beider kurzen Lebensverläufe fast wahnsinnig geworden sein, stellte ich mir vor. Bei beiden keine Angaben des Tages und des Monats. Warum nicht? Auf mich wirkten beide Grabsteine wie ein stummer Aufschrei für alle, die hier vorbeikommen, und für den Herrn der Welt selbst, der den gläubigen Eltern beide Kinder nahm. Die Grabsteine erwecken den Eindruck, als erhofften sie sich darauf eine Antwort vom Schöpfer.

Ich frage den Schäfer Jérôme Labatut danach. Er blickt mich eine Weile verblüfft und danach sehr nachdenklich an. Dann nickt er bedächtig und sagt: »Ja! Ja, ich bin mit denen in Alet verwandt. Die Frau, die diese beiden Kinder geboren hat, war meine Cousine Clarisse. Die Geschichte, die sie dir zu erzählen hätte, wenn sie noch lebte, ist eines guten Schriftstellers würdig. Sie klingt ausgedacht, ist es aber nicht. Sie hat sich wirklich so ereignet.

Clarisse muss ein wunderschönes Mädchen gewesen sein. Langes dunkles Lockenhaar, schlank, hoch gewachsen, aufgeweckt und hin und wieder ging ihr ein Scherz über ihre Lippen. Jedermann mochte sie und für ihren Vater Guillaume war sie sein Sonnenschein. Dann, eines Tages, Clarisse war sechzehn Jahre alt, verliebte sie sich. Das ist nicht ungewöhnlich und auch nichts Schlechtes. Damals jedoch durfte sich kein junges, unverheiratetes Mädchen bei uns mit einem Jungen so in der Öffentlichkeit zeigen, wie das heute möglich ist. Doch selbst wenn, hätte Clarisse sich nicht mit ihrem Liebhaber in aller Öffentlichkeit blicken lassen dürfen. Warum nicht? Weil ihr Liebhaber niemand anderes war als der Pfarrer, der das junge Ding verführt hatte. Clarisse wurde schwanger von ihm und gebar eine Tochter, als sie gerade siebzehn Jahre alt war. In einem Städtchen wie Alet, wo jeder jeden kennt – damals wie heute –, war das eine schreckliche Sünde. Clarisse hatte es schwer, vor allem, weil der Pfarrer ihr nicht zur Seite stand, sondern sie im Gegenteil der Hurerei bezichtigte. Er wollte vor sich nicht wahrhaben und schon gar nicht vor anderen eingestehen müssen, dass das Kind sein eigenes war. In der Sonntagsmesse betete er laut zu Gott, sodass alle es hören konnten: ›Herr, gütiger Gott, nimm diesen Balg zu dir, denn das Mädchen hat eine große Sünde begangen. Rette ihre Seele, indem du das Kind nicht verschonst.‹

Clarisse weigerte sich standhaft, den Namen des Vaters bekannt zu geben. Man kann sich vorstellen, dass ihre Eltern, die Geschwister, die Verwandten, die Freunde der Familie, einfach alle begierig waren, endlich aus ihrem Munde zu hören, wer der Schuft gewesen war, der sie geschwängert hatte. Vergebens! Meine Cousine liebte den Priester und schwieg. Nach einem Jahr starb das Kind und meine Cousine verfiel in eine tiefe Depression. Der Herr hatte ihr das Liebste genommen, denn ich bin davon überzeugt, dass sie trotz ihrer Jugend eine gute Mutter gewesen wäre.

Mit den Jahren ging es ihr allmählich wieder besser, aber sie hatte ihre einstige Fröhlichkeit verloren. Dann, acht Jahre später, Clarisse war jetzt sechsundzwanzig Jahre alt und noch immer unverheiratet, wurde sie erneut schwanger. Und was glaubst du? Wieder war es der Pfarrer gewesen! Eine Katastrophe! Die Menschen hatten vielleicht gerade angefangen, ihr zu verzeihen. Aber diesmal verlief die Sache anders. Die Haushälterin des Pfarrers hatte das Paar beobachtet, als sie sich heimlich nachts im Pfarrhaus getroffen und sich unbeobachtet geglaubt hatten. Und als Clarisse diesmal einem Sohn das Leben schenkte, wurde das unheilige Verhältnis endlich öffentlich bekannt gemacht. Alles kam raus, auch dass Clarisse schon einmal vom Pfarrer geschwängert worden war. Und ihr Vater ging höchst persönlich zum Herrn Pfarrer und sagte ihm kräftig die Meinung und ob er sich nicht schämen würde vor Gott und den Menschen von Alet und für das, was er Clarisse angetan hätte.

Der Herr Pfarrer besann sich und versprach, sich öffentlich zu seinem Vergehen zu bekennen. Das geschah überraschend an einem Sonntag in der Kirche, als diese so voll wie nie war. Der Geistliche soll es einigermaßen ehrlich über die Bühne gebracht haben. Aber dann erkannte er wohl das ganze Ausmaß seines Geständnisses. Und erschrocken über seine Worte, rief er den Gläubigen und Gott im Himmel zu: ›Herr, bestrafe mich wegen meiner Schwachheit. Nimm auch dieses Kind zu dir! Ich will dafür büßen! Lass mich dafür büßen!‹«

Der alte Schäfer sieht mir in die Augen und fragt: »Glaubst du wirklich, dass dieser Pfarrer sehr gebüßt hat für das, was er angerichtet und vor allem, was er bewirkt hat? Glaubst du das?«

Ich schüttele den Kopf. »Und was wurde aus deiner Cousine Clarisse?«

»Sie wurde darüber verrückt, sagte nichts mehr, ihr Blick ging ins Leere, und man steckte sie mit siebenundzwanzig Jahren in eine Heilanstalt. Dort ist sie auch gestorben.«

»Und der Pfarrer?«

»Er wurde versetzt. Niemand weiß wohin, aber eine Bestrafung kann das nicht gewesen sein, denke ich.«

Was für eine unglückliche Geschichte! Jeanine und Guillaume Labatut, zwei Leben wie weggeworfen und das der Mutter dazu!

»Es gibt dann doch noch ein tröstliches Ende«, meint Jean plötzlich, der die ganze Zeit über geschwiegen, aber aufmerksam zugehört hatte.

»Jeder von uns hier kennt diese tragische Geschichte. Nachdem Clarisse in der Heilanstalt gestorben war, setzte ihre Familie alles daran, sie in unmittelbarer Nähe der zerstörten Kathedrale zu beerdigen. Es war schwierig, aber es gelang zuletzt doch noch. Du weißt, was das bedeutet!«

Ich nicke erleichtert. Arme Clarisse! Wenigstens kein Umweg über jenen Ort, an dem man erst noch für seine begangenen Sünden büßen muss. Die waren auch nach himmlischer Rechtsauffassung sicherlich längst abgegolten.

Vom Wein, vom Gold und einem sagenhaften Schatz

Auf unserer langen Wanderung durchs Gebirge trinken Jean und ich regelmäßig abends Wein – solange er uns nicht ausgeht. Das war der Fall nach dem Bärenabenteuer, aber Tage später wurden wir von Jérôme wieder mit neuem versorgt. Wein ist immer dabei, wenn wir am Feuer sitzen und uns was erzählen. Wein gehört hier mit zum Leben. Deshalb will ich an dieser Stelle, wo wir noch immer am See lagern und die Herde an seinen Ufern friedlich grast, von den verschiedenen Schätzen des Landes sprechen, zu denen auch der Wein gehört. Er kommt im Roussillon als weißes, rotes, rosiges Getränk vor, das sowohl süß als auch trocken schmecken kann. Denn wer hier länger verweilt, wird feststellen, dass der Wein die wahre Seele des Roussillon ist. Jeder Weinliebhaber wird diese Region allein schon deshalb lieben, weil er sie auch über den Gaumen erleben kann.

Im Sommer bringt die Sonne das Land fast zum Erglühen. Heftige Winde – *Tramontane* aus den Bergen und *Marin* vom Meer her – blasen frische Luft über die Ebenen und Höhen. Die Erde ist trocken, rötlich, bräunlich, gelblich und gesättigt vom Schweiß der Menschen, die sie seit Jahrhunderten beackern und bebauen. All das ergibt jenes Konzentrat, aus dem der Wein dieser Region seinen unverwechselbaren Geschmack erhält. Neben Weißweinen, Rosé- und Rotweinen werden im Roussillon 90 Prozent der *vins doux*, der Süßweine, Frankreichs produziert und zwar gleich die berühmtesten: Banyuls, Rivesaltes, Muscat und Maury. Die natürlichen Süßweine sind bei uns in Deutschland vor Jahren in Verruf geraten, nachdem heimische Winzer der Panscherei und der Zuckerbeigabe überführt worden waren. Seitdem stellt sich der Laie vor, dass süßer Wein auf diese Weise hergestellt wird. Das stimmt natürlich nicht, denn nach alter Tradition im Roussillon wird bei der Herstellung der natürlichen Süßweine die vollständige Ausgärung des natürlichen Traubenzuckers durch Zugabe von reinem Alkohol gestoppt.

Im übrigen ist das Roussillon das älteste Weinanbaugebiet der *grande nation* – nach dem Römer Plinius sollen dabei die Karthager eine nicht unwichtige Rolle gespielt haben. Von Plinius erfahren wir auch, dass wegen der hier heftig wehenden Winde die Weinstöcke bereits zu jener Zeit außergewöhnlich niedrig gestutzt worden seien – wie es auch heute noch geschieht. Die Kirche, besonders aber die Klöster, förderten dann verstärkt im Mittelalter den Weinanbau: »Brot und Wein« lautete die Devise.

Die ganze Gegend zu Füßen der Pyrenäen ist von Weinbergen durchzogen. Der seit 1138 im Roussillon ansässige Templerorden besaß die wichtigsten Weingüter und belieferte die Könige des Reichs Mallorca, die Höfe von Aragon und Kastilien, die Grafen von Foix, aber auch den Orient und Nordeuropa. Bis zur Mitte des 19. Jahrhunderts erlebte der Weinanbau im Roussillon eine Blütezeit, die für immer anzudauern schien. Aber das Ende kam jäh im Jahre 1877 durch ein kleines Insekt. Der größte Teil der Weinberge wurde von der Reblaus systematisch zerstört. Eine völlige Neupflanzung wäre erforderlich gewesen, scheiterte aber an den nötigen finanziellen Mitteln der Weinbauern. Zu Beginn des 20. Jahrhunderts kam es deswegen im gesamten Roussillon-Languedoc-Gebiet zunächst zu großen Winzeraufständen und danach zur Gründung von Winzergenossenschaften. Nur ganz allmählich konnte sich das Roussillon von der Reblaus-Plage erholen.

Wer heute hierher kommt, der stößt auf Weinstraßen, Weinberge und Weinkeller, die gut markiert sind und zum Besuch einladen. Selbstverständlich werden neben den berühmten Süßweinen auch trockene Weine zum Verkauf angeboten. Wem was am besten mundet, muss jeder selbst herausfinden. Ich habe es nicht anders gemacht und mich durch das Weinangebot des Roussillon hindurchgeschmeckt. Das ist die beste Möglichkeit, und es macht zudem noch Spaß.

Eine ideale Gelegenheit, mehr über die verschiedenen Weine zu erfahren, ist die Zeit der Weinernte. Ende September werden die trockenen Weine und Anfang Oktober die Trauben für Süßweine geerntet. Dabei erhält man die Chance alle Weine der Region bis ins letzte Detail kennen zu lernen. Zudem ist der Herbst eine sehr reizvolle Jahreszeit im Roussillon – weil jetzt das satte Grün der Weinberge langsam in die Palette der Gelb-Orange-Braun-Rot-Töne übergeht. Das Leben in den Dörfern wird besonders lebendig und interessant. Überall riecht man den angegorenen Wein und jeder Wagen, der vorüberfährt, ist beladen mit traubengefüllten Zubern. Viele Cafés sind am Spätnachmittag mit Weinlesern aus aller Herren Länder bevölkert und wer genau hinschaut, der wird mit seligen Augen Gott Dionysos und Gott Bacchus an manchen Ecken entdecken.

Von einem Weinbauern des Ariège habe ich dann auch das wahre Geheimnis seines Weines erfahren. Er lud mich eines späten Nachmittags zu sich auf sein Gut ein und kredenzte mir einen besonders schmackhaften Rotwein.

»Der riecht gut und schmeckt vorzüglich«, lobte ich.

Er sah mich lange an, schwieg und flüsterte mir dann zu, dass er mir verraten wolle, warum der Wein so gut gelungen sei: »Es ist den Alten schon lange bekannt, was das Einmalige an unseren Weinen ist und vor allem, woher es kommt. Die Erde ist es, das weiß ein jeder, denn ohne den richtigen Boden schmeckt jeder Wein fade und nichtssagend. Die Flüsse der Pyrenäen führen Gold mit sich, Gold, das man noch heute wie die Goldsucher in Alaska mit der Schüssel suchen kann. Dieses feine Gold steckt auch im Erdreich und wird von den Weinstöcken über ihre Wurzeln aufgenommen. Und genau das ist es, was unsere Weine letztlich veredelt, was sie so besonders macht.« Der Wein ist die Seele des Roussillon – eine goldhaltige Seele.

Von Gold und verborgenen Schätzen ist hier schon einige Male die Rede gewesen. Die bemerkenswerteste Schatzgeschichte habe ich bislang noch nicht erzählt. Das werde ich jetzt nachholen:

Bereits der römische Schriftsteller Pomponius Mela berichtet von einem verborgenen Schatz in den Minen der Pyrenäen, die er südlich von Carcassonne festlegt. Woher wollte er das wissen? Pomponius Mela stammte aus Südspanien, bereiste auch den Norden des Landes und hat ungefähr um das Jahr 43 nach Chr. sein berühmtes Geografiebuch »De Situ Orbis« geschrieben.

Die Minen, von denen Pomponius Mela spricht, gibt es hauptsächlich in der Gegend von Rennes-le-Château im Departement Aude. Und genau hier ereignete sich vor etwas mehr als hundert Jahren eine sehr merkwürdige Geschichte: In Rennes-le-Château lebte Ende des 19. Jahrhunderts der Pfarrer

Der Magdalenenturm in Rennes-le-Château.

Bérenger Saunière. Arm wie eine Kirchenmaus übernahm er 1885 den heruntergekommenen Sprengel von seinem Vorgänger. Doch bereits nach wenigen Jahren schien der Abbé zu sehr viel Geld gekommen zu sein, mit dem er eine rege Bautätigkeit betrieb. Die marode Kirche wurde von Grund auf renoviert, einige Gebäude neu erstellt und der sogenannte Magdalenenturm, der die Bibliothek des Geistlichen enthielt, errichtet. Zudem reiste Saunière im Land umher, lernte hoch gestellte Persönlichkeiten kennen und bedachte seine Haushälterin mit den teuersten Kreationen der Modewelt. Wie war das möglich, rätselten die Menschen des Ortes? Und schon bald kursierte das Gerücht, der Abbé habe einen uralten Schatz in der Krypta seiner Kirche entdeckt. Kenner antiker Texte wiesen darauf hin, dass ja bereits Pomponius Mela von einem sagenhaften Goldschatz in der Region gesprochen habe. Und war es da nicht besonders seltsam, dass Pfarrer Bérenger Saunière ausgerechnet seinen Hund »Pomponnet« und seinen Affen »Mela« genannt hatte – was ja stark an den antiken Autor Pomponius Mela erinnerte? War das nicht ein Indiz dafür, dass er von dem verborgenen Schatz gewusst und ihn am Ende sogar gefunden hatte?

»Die Menschen in diesem Ort gehen auf Gold und wissen es nicht«, soll die Haushälterin von Saunière kurz vor ihrem Tod im Jahre 1953 erklärt haben. Vom Abbé selbst war zu keiner Zeit ein Wort darüber verlautet worden, woher er die große Summe Geldes eigentlich hatte. Immerhin beliefen sich die Ausgaben für die Renovierung der Kirche und für die Erstellung der anderen Bauten auf dem Kirchengelände auf rund 500 000 Euro. Besaß der verschwiegene Abbé ein goldenes Geheimnis, das er mit ins Grab nahm, als er im Jahre 1917 nach einem Schlaganfall starb?

Viele wollen das glauben und es sind in Frankreich bereits unzählige Publikationen über dieses Thema erschienen.

Schätze, die irgendwo ihrer Plünderung harren, ziehen Glücksritter seit jeher wie magisch an. Die Erde von Rennes-le-Château ist in den letzten Jahren von Schatzsuchern aus aller Welt durchwühlt worden. Vielleicht hat der Abbé ja nicht den ganzen Schatz gefunden, hoffen sie. Oder er hat sogar noch viel davon übrig gelassen. Wer will es wissen? Ohnehin durchbohren uralte Gänge und Höhlen das rötliche Erdreich der Region, wobei bereits viele unterirdische Stollen eingestürzt sind und übereifrige Schatzsucher sich großer Gefahr aussetzen, wenn sie dort zu graben anfangen. Mittlerweile wurden sogar Schilder aufgestellt, die Grabungen auf dem Gebiet des Dorfes strikt untersagen. Das wurde offensichtlich nötig, nachdem Verrückte versucht hatten, den Abbé Saunière aus seinem Sarg herauszuholen, weil sie den Schlüssel zum Geheimnis darin vermuteten. Die Bewohner des kleinen Ortes auf dem Hügel sind genervt, fühlen sich belästigt von all den Fremden, die ständig zu ihnen wie eine Heuschreckenplage hereindrängen, und noch immer ebbt der Strom der Fragenden und Suchenden nicht ab. Pro Jahr dürften es nahezu 20 000 Touristen sein, und die meisten von ihnen treibt tatsächlich die Gier an, hier an Ort und Stelle reich zu werden.

Und wer will es ihnen verdenken? Denn neben Pomponius Mela hat es noch andere literarische Hinweise auf einen Schatz in Rennes-le-Château gegeben. Kein Geringerer als Jules Verne hat darüber geschrieben und zwar in seinem Roman »Clovis Dardentor«. Darin geht es um eine abenteuerliche Schatzsuche, die auf dem Meer beginnt – der Kapitän des Schiffes heißt im

Übrigen genauso wie der höchste Berg im Razès, nämlich Bugarach – und sich über Nordafrika endlich nach Rennes-le-Château fortsetzt, wo der Goldschatz gehoben werden soll. Schon der Buchtitel verrät geheimes Wissen des Autors. Clovis bezieht sich auf den letzten Merowingerkönig Dagobert, dessen einstige Hauptstadt auf dem Gebiet von Rennes-le-Château gelegen haben soll und in Dardentor steckt zumindest das französische Wort für Gold (*or*).

Mysterium, Rätsel und Geheimnis! Was ist wahr und was ist erlogen? Gab es einen Schatz zu heben oder nicht? Stammt er von den Merowingern oder von den Westgoten? Oder haben ihn die Templer hier vergraben? Und vor allem, das Wichtigste: Ist davon heute noch was zu holen? Wer will jemals den Faden an falschen Fährten und Hinweisen, die es bezüglich der rätselhaften Geschichte um den plötzlichen Reichtum des Pfarrers von Rennes gibt, entschlüsseln? Ein einmaliges Verwirrspiel.

Als ich während unseres Aufenthalts bei Herbert meinem zehnjährigen Sohn davon erzählte, war er sofort Feuer und Flamme.

»Komm, Papa, wir gehen auch auf Schatzsuche.«

Warum eigentlich nicht, dachte ich? Herbert war gerade dabei, einen neuen Kanalanschluss von der Straße zu seinem Haus zu legen. In seiner Wahlheimat leichter als in Deutschland, jedenfalls, was die Formalitäten angeht. Er erhielt sofort vom Bürgermeisteramt seines Ortes die Erlaubnis, die Straße aufzuhauen, das Hauptkanalrohr freizulegen, anzubohren bzw. sein Hausrohr daran anzuschließen und was auch immer.

»Sie haben mir nur zu verstehen gegeben, ich solle mein Rohr nicht allzu klein wählen, damit es nicht so schnell verstopfen kann. Aber das hätte ich ohnehin nicht getan. – Wohin wollt ihr zwei denn?« Herbert blickt uns neugierig an.

»Den Schatz des Abbé von Rennes suchen. Christopher hat sich einen Spaten und eine Schaufel aus deinem Werkzeugraum genommen.«

»Na, dann viel Erfolg, ihr beiden!«

So ziehen wir los. Vielmehr fahren wir los, denn bis nach Rennes-le-Château ist es mit dem Auto eine gute halbe Stunde Fahrzeit.

Es geht immer an der Aude entlang. Baumalleen säumen die Straße und die hügelige Landschaft mit ihren teilweise schroffen Felsformationen inmitten einer üppigen Pflanzenpracht ist Kennzeichen dieser Gegend. Bei Couiza führt linkerhand eine steile Straße nach Rennes-le-Château hinauf. Gute 500 Meter hoch liegt der kleine Weiler auf einer Bergkuppe und thront dort oben weltentrückt über dem Tal der Aude. Während sich das Auto die Straße hochquält, staunt Christopher über den roten Fels und die rote Erde, die für die ganze Landschaft hier so charakteristisch sind.

»Ist das alles echt, Papa?«

»Und wie! Sieh mal, dort drüben scheint jemand schon ein Loch in die Erde gegraben zu haben. Und dort drüben auch.«

»Und alle haben sie hier nach einem Schatz gesucht?«

»Aber sicher! Und die Menschen von Rennes hätten sie dafür am liebsten auf den Mond geschossen. Stell dir mal vor, unter unserem Haus würde jemand anfangen zu buddeln.«

Christopher ist fasziniert und beunruhigt zugleich. Ich weiß genau, was mein Sohn jetzt denkt. Ob wir hier tatsächlich auch zu graben anfangen sollen? Und was ist, wenn uns jemand dabei sieht?

Zuletzt erreichen wir das kleine Dorf auf der Kuppe und fahren zu einem Parkplatz, von dem man einen traumhaften Blick

Der Teufel mit dem Weihwasserbecken.

auf die Bergkette der Pyrenäen hat. Rennes-le-Château wirkt trotz des sonnigen Nachmittags irgendwie unheimlich und sogar ein wenig düster. Die Kirche und das ehemalige Wohnhaus des Abbé Saunière sind seit Jahren schon zu einem Museum umfunktioniert worden. Betritt man die Kirche, so erwartet den Besucher gleich am Eingang ein bräunlich-grüner Teufel, der auf seinen Schultern das Weihwasserbecken trägt. Christopher befindet sich mit dem gehörnten Wesen auf Augenhöhe und kann gar nicht begreifen, so einem wie ihm in einer katholischen Kirche zu begegnen.

»Gehört der auch hierher, Papa?«

»Pfarrer Saunière muss das wohl geglaubt haben, denn er hat ihn so anfertigen lassen.«

Messen werden hier allerdings schon lange nicht mehr gefeiert. Auch der Kirche ist dieses Gotteshaus wohl zu merkwürdig. Der Innenraum der Kirche ist übrigens nicht sehr ansprechend. Als wir das Gebäude wieder verlassen, lese ich über dem Türbogen den lateinischen Satz »Terribilis est locus iste« – schrecklich ist dieser Ort. Was für ein ungewöhnlicher Hinweis auf das Haus Gottes, denke ich irritiert.

Mein Sohn führt mich zurück zum Parkplatz und von dort zu einem Turm, den der Pfarrer Saunière 1891 als seine Bibliothek errichten ließ und den er den Magdalenenturm taufte. An dem Turm vorbei wollen wir das Dorf unterhalb seiner Mauern einmal zu umrunden versuchen.

»Wo hat denn dieser Pastor den Schatz gefunden?«, will Christopher wissen.

»Angeblich in der Krypta unterhalb der Kirche.«

»Und warum gehen wir dort nicht nachsehen, ob das stimmt?«

»Weil niemand mehr weiß, wo der Eingang zur Krypta ist.«

»Das ist aber komisch!«

»Das kannst du laut sagen. Deshalb haben auch viele versucht, von außen, also durch den Hügel, auf dem Rennes erbaut wurde, nach der Krypta oder einer verborgenen Höhle zu suchen.«

Wir schauen uns um und entdecken viele Beweise dafür, dass Menschen tatsächlich versucht haben, den Berg zu durchlöchern. Bergstollen hat es schon immer hier gegeben und sogar Berichte über ein geheimes unterirdisches Volk, das hier seit Urzeiten leben soll. In den Pyrenäen gibt es eine Vielzahl seltsamer Geschichten und Überlieferungen, aber nichts von dem ist so unglaublich wie das, was in Rennes-le-Château geschehen sein soll. Dagegen klingt sogar die Legende harmlos, dass Noah einst mit seiner Arche nicht auf dem Ararat, sondern auf einem Gipfel der Pyrenäen gestrandet sein soll. Diese Legende stammt von den Schäfern der Bergregion, denen die Pyrenäen im Übrigen viele Geschichten verdanken.

Christopher und ich entdecken zwar so manchen Eingang ins Innere des Hügels, trauen uns aber nicht hinein. Richtig graben wollen wir auch nicht mehr und so stochern wir nur an manchen Stellen ein bisschen im Erdreich herum. Kein Schatz, kein Gold.

»Und wenn wir es dort unten am Bach einmal versuchen?«, schlägt mein Sohn vor.

Unterhalb von Rennes schlängelt sich ein kleiner Fluss durch die Wiesen, der bei Esperaza in die Aude mündet. Als wir einen Teil seines Ufers ablaufen, hält Christopher Ausschau im klaren Wasser nach allem, was golden glänzt. Plötzlich ruft er begeistert aus, ich solle doch schnell zu ihm kommen, da liege ein großer Goldklumpen im Wasser. Skeptisch eile ich zu meinem Sohn und werde überrascht. Tatsächlich! Da blinkt etwas Goldenes am Grunde des Flusses, nicht ganz zwei Meter von uns entfernt. Ist es wirklich ein Nugget? Könnte sein. Aber wie kommen wir da ran? Es hilft nichts, ich ziehe Schuhe und Socken aus, kremple mir die Hosenbeine hoch und wate langsam in das kalte Wasser hinein. Der Bach ist tiefer als ich dachte. Schon bald reicht mir das Wasser bis über die Knie. Dann endlich habe ich die Stelle erreicht. Ich bücke mich und versuche, mit den Händen danach zu greifen. Es gelingt nicht, ich werde etwas ungeduldig, mache einen Schritt zur Seite, komme ins Rutschen und ehe ich mich wieder fangen kann, liege ich plötzlich der Länge nach im Wasser. Na prima! Ich will wieder aufstehen, aber mein Sohn schreit mir vom Ufer aus zu: »Papa, jetzt kannst du es doch leicht vom Grund hoch holen, du sitzt ja drauf!«

Ich taste am Boden des Baches umher. Kiesel wirbeln auf, und dann spüre ich einen festen, kreisrunden Gegenstand. Als ich ihn in die Luft halte, weiß ich augenblicklich, dass sich mein Einsatz nicht gelohnt hat: Es ist eine alte Messinguhr, eine für die Hosentasche.

»Papa, die ist bestimmt aus Gold und unglaublich wertvoll«, schallt es mir vom Ufer entgegen.

Ich schweige, denn ich bin überall nass und wenn ich daran denke, dass ich so noch Autofahren muss, dann kann mich kein Gold der Welt wirklich glücklich machen.

Auf dem Rückweg zum Parkplatz kommen uns Besucher der »Schatzgräberstadt« entgegen. Sie staunen nicht schlecht, als sie den tropfenden Mann sehen, der die Straße entlangschleicht, als habe er sich in die Hose gemacht. Viele schauen mich schmunzelnd an, sagen aber nichts. Bis auf einen Holländer, der seiner Partnerin zuraunt, aber so dass ich es verstehen kann: »Der ist bestimmt ins Weihwasserbecken des Teufels gekrochen, weil noch keiner nachgesehen hat, ob der Schlüssel zum Schatz nicht vielleicht dort liegt.«

Die »Seelenklöster« der Pyrenäen

Ich gebe gerne zu, dass ich in die Klöster der Pyrenäen geradezu verliebt bin. Warum? Weil ich nirgendwo sonst schönere und aufregendere gefunden habe! Es sind wahrhaft Orte für die Seele, die den Besucher innehalten lassen und auf sich selbst zurückwerfen. Wer diese Stätten der Andacht und der inneren Einkehr besucht, kann sich nur schwer ihres ungewöhnlichen Reizes entziehen. Die Namen dieser Klöster sind Kennern der südostfranzösischen Pyrenäen natürlich bekannt. Beispielsweise das Kloster von Elne – jene Stadt südlich von Perpignan in der Nähe des Meeres, die Hannibal im Jahre 218 vor Christi Geburt mit seinen Elefanten besucht hat und die lange Zeit Hauptstadt des Roussillon gewesen ist. Weiter beeindrucken, sowohl durch ihre Anlage als auch durch die ungewöhnlich schöne künstlerische Ausführung, die romanischen Klöster Fontfroide, Saint-Michel-de-Cuxa und vor allem das vielleicht schönste Kloster Europas: Saint-Martin-du-Canigou.

Bevor ich auf Saint-Martin näher eingehe, muss ich unbedingt ein weiteres Kloster genauer vorstellen, nämlich Serrabonne. Schon im Namen steckt ein Teil seines Geheimnisses: Serrabona heißt im Katalanischen »der gute Berg«. Wo aber liegt dieser »gute Berg«? Doch nicht etwa in den Vorbergen des Canigou, in dieser kargen, öden, menschenleeren Wildnis? Ist seine Bezeichnung am Ende sarkastisch gemeint?

Serrabonne auf dem kahlen Asprès-Hügel gelegen, ist ein Ideal sakraler Baukunst und stellt für mich die optimale architektonische Umsetzung der Beziehung zwischen Mensch, Natur und Glauben dar. Serrabonne wurde von den Mönchen des Mittelalters auf einem Felsvorsprung errichtet und zwar so, dass der weltabgeschiedene Ort vom serpentinenreichen Fußweg aus, den man in der Hitze nur mühsam erklimmt, nicht sichtbar ist. Eine einstmals strategische Entscheidung vor allem im Hinblick darauf, dass man sich ja im Grenzland befand!

Ein wahrlich abgeschiedener Ort, aber warum die Namensgebung »guter Berg«? Wer heute die befahrbare Straße hinaufwandert, der entdeckt erst nach Überwindung des Bergkammes in der Ferne den Glockenturm und sieht wenig später dann die Nordfassade der Kirche. Ein Schäfer der Gegend hat für mich das Geheimnis gelüftet: Vor Jahrhunderten habe es hinter den Gebäuden des Klosters einst ein blühendes, kleines Tal gegeben, mit Feldern und Gärten, Weinbergen und Olivenhainen und einem ausgeklügelten System von Rinnen, durch die das Bergwasser kanalisiert worden sei, um den kleinen Garten Eden auf dem »guten Berg« zu bewässern. Wer sich also einstmals durch die Ödnis hierher gequält hatte, wird sich hier oben wie im Paradies gefühlt haben. Heute hat die Natur längst die ehemalige Kultivierung überwuchert und den einstmals von Menschen erschaffenen Garten Eden unkenntlich gemacht.

Äußerlich erscheint mir Serabonne schmucklos und einfach. Die Farbe der Erde ist auch die Farbe des Gesteins. Nichts hebt sich ab, nichts wirkt spektakulär. Ein grobes Gemäuer mit einem Karreeturm und einer nach Süden gegen das Tal geöffneten Galerie mit Arkaden, die tiefer liegt als das Hauptschiff und von wo aus der Blick frei auf die Landschaft fällt. Ein schlichtes Kloster errichtet wie eine Burg mit kleinen Eingängen und schießschartengroßen Fenstern. Ein Ort der Andacht und der Zurückgezogenheit für die Augustinerchorherren.

Das Besondere, ja Unvergleichliche von Serrabonne ist jedoch die dreibogige Empore für die ehemaligen Chorherren im Innern des Langhauses. Sie ist gestaltet aus rosa Marmor und ausgeschmückt mit einem wunderlichen Bestiarium, wie sie das Bewusstsein des mittelalterlichen Menschen hervorrief. Es hat mich zutiefst beeindruckt, als ich zum ersten Mal dieses behauene Meisterwerk auf Säulen im milden Schein des künstlichen Lichtes durchschritt. Der unbekannte Künstler, der hier überschwänglich am Werke war, hat ein wahres Figurenspiel der Fantasie geschaffen – einen Säulenwald der Märchenbilder und Fabelwesen: Sphinxe, Zentauren, Greife, Löwen, Engel, Drachen, Affen, Seraphime mit gekreuzten Flügeln, Masken, allerlei Blattwerk, Blüten, seltsames Gerank und noch seltsamere Köpfe treiben an den Säulen ihr magisches Spiel, lassen den Betrachter staunen und stellen die eigene Vorstellungskraft heftig auf die Probe. Gut kämpft hier gegen Böse, Heidentum gegen Christentum, Fleischliches gegen Seelisches, Sichtbares gegen Unsichtbares. Mag Serrabonne von außen wie eine armselige Abtei in den Bergen wirken, so steigert sich ihr Reichtum im Innern schier ins Unermessliche. Ich kenne kein Kloster, das damit vergleichbar wäre. Die Empore von Serrabonne gleicht einem magischen Bildergarten, in den man mit seinen Augen völlig abtaucht wie in einen Dschungel und sich der Normalität der Welt entzieht – für eine Weile oder auch für länger. Dies ist der große Schatz von Serrabonne. Er wartet auf denjenigen, der hierher kommt und sich davon

Das Höhlenkloster San Juan de la Peña.

überraschen lässt. Das Geheimnis des Spirituellen liegt hier zum Greifen nah.

Wie auch an anderer Stelle in den verwunschenen Tälern der Pyrenäen! Damit meine ich ein Kloster, das auf spanischem Gebiet liegt und sicherlich von seiner Ausstrahlung und Lage her das geheimnisvollste Kloster der gesamten Pyrenäen ist: San Juan de la Peña. Ich erwähne dieses beeindruckende Höhlenkloster unter einem gewaltigen überhängenden Felsen (*peña*) deshalb, weil hier meine Faszination für die Klöster der Pyrenäen ihren Ausgang nahm.

Vor der herben Kulisse des Pyrenäen-Südkammes bei Jaca liegt am Monte Pano dieses ehemalige Kloster. Wer es heutzutage besucht, ahnt nicht, dass dieser abgelegene Ort hoch im Gebirge im Mittelalter ein herausragendes geistiges Zentrum bildete – ein Kloster, in dem das Mysterium der Verwandlung des Menschen in ein höheres Wesen gepflegt wurde. Vom Dorf Santa Cruz de la Serós führt eine geteerte, jedoch kurvenreiche Straße in den mit Pinien, Buchen und Eichen bewachsenen Gebirgszug hinein. Es ist totenstill an dem Tag im April, als ich es zum ersten Mal besuche, und die hohen Föhren um mich her ragen dunkel wie mahnende Finger zum Himmel empor.

Es fällt mir trotz der unübersehbaren Anzeichen moderner Zivilisation nicht schwer, mich in die Situation des jungen Adeligen Voto hineinzuversetzen, der vor fast 1300 Jahren in dieser Gegend jagte. Plötzlich scheute sein Pferd vor einem tiefen Abgrund, drohte abzurutschen und wenn Voto nicht in höchster Not den heiligen Johannes den Täufer um Hilfe angefleht hätte, wäre er sicherlich über die tiefe Felswand in den Tod gestürzt. Als Voto die Felswand näher erkundete, bemerkte er zwischen dem dichten Buschwerk eine Höhle. In ihrem Innern gab es einen Raum, der zu einer Kapelle umgewandelt worden war, und auf dessen Altar der unversehrte Leichnam eines Mannes lag. In seinen Händen hielt der Tote einen weißen Stein in Form eines Dreiecks. Darin stand eingraviert in lateinischer Sprache:

> *Ich, Johannes von Atarés, der erste Einsiedler an diesem Ort, der ich um der Liebe Gottes willen die Zeit, in der ich lebte, verachtete, so gut ich es vermochte, habe diese Kirche errichtet zu Ehren des heiligen Johannes des Täufers; und hier ruhe ich, Amen.*

Voto machte die Lage der Kapelle von San Juan bekannt und schon bald fanden sich Männer, die dem rechtschaffenen Vorbild des Johannes von Atarés folgten. Mit der Zeit wuchs die

Einsiedelei und wurde ein weithin bekanntes und beachtetes Kloster.

San Juan de la Peña, heute immer noch völlig von Wald umgeben, liegt – wie gesagt – unterhalb eines überhängenden Felsens eng an die Wand aus rötlichem Stein geschmiegt. Dieser magische Ort wurde um das Jahr 850 dem Schutz der Könige von Pamplona unterstellt und hatte sich unter den Mönchen Marcellus und Benedictus zu einem wichtigen geistigen Zentrum des Landes entwickelt. Hier nahm im Mittelalter die Legende vom »Gral« ihren Anfang – ein herrlich gearbeiteter Kelch aus smaragdgrünem orientalischem Achat geschnitten, auf dessen Oberfläche das einfallende Licht in allen Farben bis hin zu Purpur spielt. Eingefasst wurde der Kelch in eine goldene, mit Perlen, Smaragden und Rubinen verzierte Halterung, die auf einem flachen halbkugeligen Fuß aus Onyx ruht.

Grabnische der Edlen in San Juan de la Peña.

Seine zwei großen goldenen Griffe unterhalb der Schale haben die Form eines Herzens. Dieser beeindruckende Kelch orientalischen Ursprungs im Kloster von San Juan de la Peña hat – wie Forscher herausfanden – wesentlich zur Entstehung der Gralssage beigetragen.

Die Überlieferungen um den Heiligen Gral besagen zweierlei: zum einen habe der Kelch bzw. die Schale das vom Kreuz herabfließende Blut Christi aufgenommen; zum anderen teilt eine vom 14. Dezember 1134 im Kloster San Juan de la Peña ausgestellte Urkunde mit, dass es sich bei der Schale um jene handele, die Jesus und seinen Jüngern beim Abendmahl als Trinkgefäß diente. Allem Anschein nach war das kostbare Gefäß aus Jerusalem in das einsam gelegene Kloster am Pyrenäensüdhang gelangt, wo es jahrhundertelang große Verehrung erfuhr. 1437 brachte man die mittlerweile zum Kelch umgearbeitete Schale endgültig in die Kathedrale von Valencia, wo sie noch heute als Schale des Heiligen Grals zu sehen ist.

Es versteht sich beinahe von selbst, dass sich an einem solchen lebendigen *Ort* vor Jahrhunderten auch der Templerorden gerne niederließ. Von ihrer Anwesenheit in San Juan de la Peña zeugen die Grabsteine in der Bestattungsnische im »Pantheon der Edlen«. Auf ihnen entdeckte ich das rote Tau-Kreuz als mystisches Zeichen, dem fünf rosenähnliche Blüten entsprießen. Das Tau-Kreuz steht symbolisch zugleich für das Leben spendende Wasser, dem die kosmische Weisheit innewohnt. Um diese Weisheit aufzunehmen und sie gegen alle Feinde der Welt – vor allem aber gegen das Böse in der Welt – zu verteidigen, zogen seit dem 9. Jahrhundert junge Männer nach San Juan, wo sie dem Ritterorden der Johannis-Ritter beitraten. Es liegt nahe, dass diese Juan- bzw. Johannis-Ritter den Mythos von den Gralsrittern begründeten – ein geistiger Strom, an den die Templer im 12. Jahrhundert anknüpften und für dessen breitere Veröffentlichung Autoren wie Chretien de Troyes (*Perceval*), Robert de Boron (*Le Roman de L'Estoire dou Gral*) und vor allem Wolfram von Eschenbach mit seinem Parzival sorgten, der dabei die Gralsritter mit dem Namen *templeis* – Templer – versah.

Ein kleiner gelber Zug und die tanzende Wollust

Alles geht einmal zu Ende. Auch die Zeit des gemeinsamen Wanderns durch die einsame Gebirgswelt der Pyrenäen. Ich hatte Jean und seine Herde einige Tage lang begleiten dürfen und dabei viel gesehen und erlebt. Jean hatte mir uralte Pfade gezeigt, auf denen die Schäfer des Roussillon noch heute mit ihren Schafen umherziehen. Am See von Bouillouses hieß es nun Abschied voneinander nehmen. Jean und Jérôme würden die Tiere zu einem befreundeten Schäfer in der Nähe bringen und sie einer größeren Herde zuteilen.

»Was machst du jetzt?«, werde ich von Jean gefragt.

»Ich steige hinunter ins Tal und schaue mich ein wenig um. Vor allem interessieren mich die dortigen Klöster.«

»Du weißt, dass es eine besonders schöne Möglichkeit gibt, das Tal dort unten zu entdecken?«, will Jérôme von mir wissen.

»Du meinst den kleinen gelben Zug der Pyrenäen?«

»Genau den meine ich, Franjo.«

Und schon erhalte ich wichtige Tipps und Vorschläge, was ich mir in der nächsten Zeit alles angucken soll und warum ich um Himmels willen auf eine Bahnfahrt mit dem Cerdagne-Zug nicht verzichten darf. Doch dann verabschieden wir uns voneinander, und ich lasse die beiden Schäfer ein wenig wehmütig zurück. Dass wir uns wiedersehen werden, ist keine Frage, aber wann und wo, das steht noch in den Sternen.

Mein nächstes Ziel ist das Kloster Saint-Martin-du-Canigou. Um dort hinzukommen, besteige ich in Mont-Louis eine der größten regionalen Attraktionen, nämlich den *petit train jaune* der Cerdagne, also die kleine gelbe Eisenbahn. Die Cerdagne ist das Gebiet, in dem ich mich zur Zeit bewege, und es erstreckt sich hauptsächlich links und rechts des Flusses Têt zwischen Puigcerda und Perpignan. Hier verkehrt auch der kleine gelbe Zug.

Am 18. Juli 1910 erreichten die gelben Waggons auf ihrer Schmalspur zum ersten Mal Mont-Louis. Von Villefranche-de-Conflent bis zum Grenzbahnhof Latour-de-Carol fährt auch heute noch dieses Züglein durch das Tal der Têt und dabei über atemberaubend hohe Brückenkonstruktionen und Viadukte, durch zahlreiche Tunnel, vorbei an tiefen Schluchten, Abgründen und einigen Wasserfällen. Dabei überwindet der Zug fast 1200 Höhenmeter, wobei steile Anstiege ebenso zu bewältigen sind wie rasante Abfahrten. Die Energie für die Elektromotoren liefern Wasserkraftwerke, die gleichzeitig mit dem Bau der Bahnstrecke geschaffen wurden. Zum Sommer hin wird bei einem Waggon wie bei einem Cabrio das Dach abgenommen.

Die einzigartigen Ausblicke, die man auf dieser Fahrt geboten bekommt, will ich mir nicht entgehen lassen und so löse ich eine Fahrkarte nach Villefranche-de-Conflent – wobei ich Glück habe, denn im Mai fährt der Zug nur zweimal täglich. Auf dem Bahnsteig ist nicht viel Betrieb. Einige ältere Frauen mit Körben und Taschen sind da und ein paar Männer mit Kisten und Paketen. Alle sehen sie aus, als wollten sie zu einem Markt in Olette oder Villefranche, um dort ihre Waren anzubieten. In dem fast hundert Jahre alten Abteil setze ich mich auf eine der harten Bänke. Angeblich soll der ganze Zug im Jahre

1984 modernisiert worden sein, nachdem in den Jahrzehnten zuvor darin Eisenerz transportiert wurde. Modernisierungen sind ja relativ zu verstehen, denn auf mich macht der Zug noch immer einen sehr historischen Eindruck. Angeblich fahren im Jahr fast 200 000 Reisende damit.

So sitze ich am Fenster und schaue auf den Bahnsteig. Dann fällt mir ein, dass ich mich ja in den Cabrio-Teil des Zuges setzen wollte, verlasse kurzerhand den Zug und eile zu dem entsprechenden Wagen. Kein Mensch sitzt darin. Was hat das zu bedeuten, rätsele ich? Doch da der Schaffner Anstalten macht, den Zug abfahren zu lassen, öffne ich rasch die kleine Tür und steige ein. Der Zug ruckt an, und ich plumpse unsanft auf eine Sitzbank. Gemächlich rollen wir über die Schienen dahin und ich schaue zunächst noch ganz entspannt auf die langsam vorbeiziehende Landschaft. Aber das Gemächliche ändert sich schnell. Die Strecke verläuft in dem engen Tal ziemlich steil bergab, und weil alles an dem gelben Züglein so klein wirkt, habe ich schon bald ein etwas mulmiges Gefühl im Magen. Ob das mit der rasanten Talfahrt vorbei an tiefen Abgründen auch gut geht? Pont Gisclard heißt die ca. 80 Meter über dem Fluss Têt erbaute Hängebrücke, die auf mich von ihrer Konstruktion her sehr kühn wirkt. Oder wagemutig? Jedenfalls ist es wenig beruhigend für mich, als ich aus einem Informationsblatt erfahre, dass ihr Erbauer bei den abschließenden Tests ums Leben kam. Dieser Eindruck verstärkt sich, wenn wir über eine Brücke oder ein Viadukt fahren und der Zug mit seinen zehn Waggons dabei auf den schmalen Schienen derart rumpelt, als würde er jeden Moment entgleisen.

Zweifellos sind die Blicke in die Tiefe atemberaubend, aber sie tragen nicht zu meiner Entspannung bei. Auch ist der Fahrtwind, der Jahreszeit gemäß, recht frisch. Als ich mich umdrehe und in den für mich unerreichbaren Waggon hinter mir nach irgendwelchen Regungen in den Gesichtern meiner Mitreisenden suche, muss ich zu meiner Schande erkennen, dass diese ganz ruhig ihre Zeitung lesen, sich miteinander unterhalten oder vor sich hin dösen. Nach und nach beruhige ich mich und kann somit die Reise etwas besser genießen.

Wir kommen am Gorge de la Caranca vorbei, dessen gleichnamiger Fluss nahe der spanischen Grenze entspringt und wildreißend zu Tal donnert. Vor Jahren hat man am steilen, fast unzugänglichen Ufer der Schlucht einen Pfad angelegt, der nur für Schwindelfreie passierbar ist. Doch wer ihn entlanggeht, wird für die Überwindung seiner Angst mit einer atemberaubenden Landschaft entlohnt.

In Olette, einem größeren Ort auf der Zugstrecke, mit an die Felsen gelehnten dreigeschossigen Häusern, steigen Leute zu. Einige ältere Frauen verlassen den Zug und werden auf dem Bahnsteig freudig empfangen. Ihren lauten Gesprächen entnehme ich, dass sie angereist sind, um mit Freunden und Verwandten eine große Hochzeit vorzubereiten. Ein Trillersignal, ein heftiger Ruck und *le petit train jaune* setzt sich ganz gemächlich wieder in Bewegung. Das Tal weitet sich jetzt noch mehr und ich erkenne die Überreste der Burg La Bastide mit ihren zwei verbliebenen markanten Türmen. Viele kleine Dörfer wurden hier einstmals auf terrassiertem Gelände erbaut – für mich ein recht ungewöhnlicher Anblick.

Dann endlich erreiche ich das Ziel meiner Zugfahrt: Villefranche-de-Conflent – ein von dicken, unüberwindbar scheinenden Festungsmauern völlig eingeschnürtes Städtchen, so dass man meinen könnte, es erwarte den Ansturm der restlichen Welt. Nur noch in Carcassonne habe ich bei einer Stadt solche wuchtigen Befestigungswälle gesehen. Villefranche ist lange Zeit, nämlich von 1659-1925, französische Garnison gewesen. Und wo stand der Feind? Jenseits der Pyrenäen in Spanien!

Ich verlasse mein »Cabrio-Abteil« und besuche die alte Stadt.

Der Zug, der die Cerdagne einst aus ihrer Isolierung reißen sollte, wird sich nun wieder in die entgegengesetzte Richtung in Bewegung setzen.

Innerhalb der Mauern von Villefranche sind viele alte Häuser aus rosa Marmor aus den Steinbrüchen der Umgebung errichtet worden. Andenkenläden, Boutiquen, kleine Galerien, Restaurants, enge Gassen, schöne Tore und mit manchmal ungewöhnlichen Steinmetzarbeiten versehene Durchgänge prägen das Bild dieses Ortes, der bis ins Jahr 1090 zurückgeht. Auf dem kleinen Platz vor der romanischen Kirche ist Markt. Es herrscht ein ziemliches Gedränge, und so flüchte ich mich durch das »Portal der vier Säulen« mit seltsamen, erschreckenden Wesen ins dunkle Innere der Kirche Saint-Jacques.

Hier schreite ich über alte, mit Totenköpfen verzierte Grabplatten, bis ich auf ein Taufbecken stoße, so tief, dass man darin baden könnte. Zeuge für jenes Taufritual im 14. Jahrhundert, bei dem die Täuflinge vollständig im geweihten Wasser untergetaucht wurden. Eine Statue des Joseph von Arimathia zieht meine Aufmerksamkeit auf sich, kurz bevor ich wieder hinaus ins Freie gehen will. Diesem Mann, der dem verstorbenen Jesus sein eigenes Felsengrab überließ, wird nachgesagt, dass er den Gral einstmals nach Frankreich gebracht habe. Auch hier also Zeugen für diesen mystischen Glauben.

Doch dann verlasse ich Villefranche-de-Conflent und sein Fort Liberia, das zum Schutz des Städtchens hoch oben auf einem Felsen errichtet worden ist und in dem einstmals auch das Gefängnis der Region untergebracht war. Besuchen will ich es heute nicht über die »Treppe der tausend Stufen«, die sich in einem unterirdischen Gang befindet, vielmehr drängt es mich zum Kloster Saint-Martin – hoch oben in der Bergeinsamkeit des großen Canigou.

Dieser, mitunter noch im Frühsommer mit einer Schneedecke versehene Berg von fast 2800 Metern Höhe gilt als Sym-

Unglücklicher Säulenträger.

bol für die Einheit Kataloniens. Wohl auch aus diesem Grunde wird jährlich am Johannisfest, am 24. Juni, nachts ein großes Feuer entzündet, das weithin sichtbar ist. Der Gipfel des Canigou ist geheimnisumwittert. Mehrere Flieger seien dort früher ums Leben gekommen, heißt es, weil die Bordinstrumente verrückt gespielt hätten. Eine mögliche Erklärung für das tödliche Phänomen sehen Wissenschaftler in dem sehr großen Eisenerzvorkommen des Berges.

Zwar hoch im Gebirge, aber immer noch weit unterhalb des Gipfels befindet sich das verwunschen gelegene Kloster St. Martin in fast 1100 Meter Höhe auf einem vorspringenden Felsgrat und ist jetzt gute 1000 Jahre alt. Das mönchische Ideal des Mittelalters besteht darin, in der Abgeschiedenheit Gott zu finden und ihm dort zu dienen. Für uns Heutige eine absurde Vorstellung, weil wir uns fast ausschließlich im großen Feld der Kommunikation, der weltweiten Vernetzung und globalen Information begreifen. Abgeschiedenheit und Einsamkeit sind dabei nicht gefragt. Deshalb ist es umso erstaunlicher, dass es jährlich mehr und mehr Besucher zu den Höhenklöstern der Pyrenäen zieht. So auch mich!

Zunächst trampe ich von Villefranche nach Vernet-les-Bains, einem Thermalbad am Rande eines Wildbachs, dessen Rauschen an keiner Stelle im Ort zu überhören ist. Die Lage von Vernet ist beeindruckend und, was die Pflanzen angeht, mediterran zu nennen, obwohl es hier seltsamerweise immer recht kühl ist. Trotzdem hat der kleine Ort auch den Autor des Dschungelbuchs – Rudyard Kipling – häufig angezogen. Die verwinkelten Gassen der Altstadt steigen steil an und bereiten mich bereits auf das vor, was später noch kommen wird: mühsam bergauf zu gehen. Doch ich erfreue mich an den blumengeschmückten, oftmals mit Wein berankten Häusern aus gelbem Sandstein. In einem kleinen Straßencafé ruhe ich mich aus und beobachte interessiert das Treiben um mich herum. Neben mir ein Paar aus England, vielleicht auf den Spuren ihres berühmten Landsmannes?

»Wir müssen noch etwas weiter mit dem Wagen bis nach Casteil fahren«, erklärt der Mann seiner Frau, die ein Glas Wasser und einen Pastice vor sich stehen hat. Sie trinkt davon und verzieht ihr Gesicht. Aber immerhin hat sie das in Frankreich so populäre Getränk ausprobiert. Bravo! Ich belausche die beiden auch deshalb, weil ich hoffe, mit ihnen fahren zu können.

»Von Casteil geht es dann zu Fuß weiter«, höre ich den Mann sagen.

»Keine Möglichkeit, direkt bis zum Kloster zu fahren?« Ihre Frage klingt so, als würde sie es kategorisch ablehnen, auch nur einen Schritt weit zu laufen.

»Doch schon«, antwortet er ein wenig zögerlich und blättert dabei suchend in einem Reiseführer. »Ja, hier steht's. Wir können uns auch einen Jeep ausleihen.«

»Traust du dir das zu, John?«

Er zuckt mit den Schultern und signalisiert damit ein vorsichtiges Ja.

»Aber die Abgründe! Hat der Weg denn überhaupt eine feste Abgrenzung?«

»Keine Ahnung. Wir können ja beim Autovermieter nachfragen.«

Ihre Mundwinkel verziehen sich missbilligend. So richtig will ihr das alles nicht gefallen, ihre Körperhaltung signalisiert eindeutig Ablehnung gegenüber dem Projekt Jeep und John am Steuer. Schließlich verständigen sie sich darauf, mit dem eigenen Wagen bis nach Casteil zu fahren. Dort wollen sie dann entscheiden, wie es weitergehen soll oder ob überhaupt. Das ist der Augenblick, mich einzuschalten. Fragen ist doch erlaubt, oder?

»Entschuldigung, ich habe gerade rein zufällig mitbekommen, dass Sie zum Kloster wollen. Ich bin zu Fuß unterwegs. Besteht vielleicht die Chance …«

Engländer sind fast immer freundliche Menschen, vor allem, wenn sie sich im Süden von Frankreich aufhalten. Das liegt vielleicht daran, dass sie das Klima und die Natur hier so sehr mögen. Aus diesem Grund kaufen sie sich auch bevorzugt Häuser in der Provence oder im Roussillon – Hauptsache im Süden Frankreichs! Jedenfalls darf ich bei dem jungen englischen Paar aus Birmingham einsteigen und mitfahren. Beide erzählen, wie schön sie es hier finden, noch nicht so überlaufen wie in der Provence. Allerdings gebe es eine Sache, die ihnen überhaupt nicht gefalle.

»Und was ist das?«, frage ich.

»Das sind die Iren!«, platzen Mann und Frau fast gleichzeitig heraus.

Ich verstehe nicht, was sie meinen, und so werde ich etwas herablassend aufgeklärt. Dabei senkt die Frau ihre Stimme, als befürchte sie, irgendwelche Iren könnten mitbekommen, was sie sagt: »In den letzten Jahren haben sich fast ausschließlich Iren im Roussillon eingekauft. Und die kaufen alles, was sie kriegen können: Häuser, Grundstücke, alte Landsitze, einfach alles. Sie sind wie die Pest. Kommt man irgendwohin – die Iren sind schon vor einem da gewesen und haben kräftig abgeräumt.« Sie ist ehrlich empört und ihr Mann, der das Auto steuert, nickt bestätigend.

»Vermutlich regnet es bei denen im Land zu viel. Und deshalb wollen sie alle in den Roussillon«, ist seine Vermutung.

»Aber die Deutschen zieht es auch hierher«, werfe ich ein.

»Ein guter Freund von mir hat sich hier schon vor vielen Jahren ein Haus gekauft.«

»Und es sicherlich abbruchreif erstanden und danach renoviert, oder?«

»Ja genau. Warum betonen Sie das so?«

»Ha!«, ruft der Mann am Lenkrad triumphierend. »Genau darin liegt ja der Unterschied. Die Deutschen sollen hier ruhig kaufen. Sie nehmen am liebsten Objekte, an denen sie noch herumbasteln können. Oft jahrelang. Aber die Iren kaufen ausnahmslos die guten Häuser auf, und zwar jene, an denen auch die Engländer interessiert sind.«

So schimpft er noch eine ganze Weile lang vor sich hin. Irgendwann höre ich ihm nicht mehr zu, und als wir endlich unser Ziel erreichen, bin ich froh, das frustrierte Paar aus England los zu sein. Iren und Engländer – es klingt beinahe so, als stünden sie sich im Süden Frankreichs in einem Kolonialkrieg gegenüber.

Von Casteil aus führt ein kleiner steiler Pfad nach Saint-Martin-du-Canigou. Den kann man entweder zu Fuß erklimmen oder mit dem Jeep. Ich wähle die erste Variante. Ich mache mich allein an den Aufstieg zum abgelegensten Kloster im gesamten Roussillon. Durch meine Wanderung mit Jean bin ich verhältnismäßig fit und schaffe die Steigung ohne große Verschnaufpausen. Zunächst geht es eine ganze Zeit lang steil bergauf, vorbei an einer schwindelerregenden Schlucht, Kurve um Kurve in kurzen Serpentinen empor, den Abgrund zur Rechten dabei stets im Blick. Schließlich trete ich durch zwei wuchtige Felsblöcke wie durch ein Tor in ein Hochtal, danach vorbei an der Totenkapelle Saint-Jean-Le-Vieux, bis ich endlich den gedrungenen, sogenannten lombardischen Turm des Klosters vor mir in der Ferne sehe mit seinen vier schießschartengroßen Fenstern unterhalb der abgeflachten, zinnenbewehrten Spitze. Die ganze Anlage liegt in einem von viel Wald durchzogenen Talkessel auf einer an einem Hang vorspringenden Felsnase, mit dem Canigou als großen Wächter gleich nebenan. Das Ganze erinnert mich an die Lage von Serrabonne, aber dennoch ist es auch wieder ganz anders.

Vor allem der Gipfel des Canigou liegt hier zum Greifen nah. Sozusagen in seinem Schatten wollten die Mönche vor 1000 Jahren ihren Weg zu Gott finden, wobei dieser abgelegene Ort zudem noch durch unzugängliche Bergkämme und tiefe, zerklüftete Schluchten geschützt wird. Wir würden das heute als romantische Lage bezeichnen, weil wir hier ja nicht leben müssen.

Saint-Martin-du-Canigou ist immer ein Prüfstein für jene gewesen, die die Abgeschiedenheit suchten, um herauszufinden, ob sie die Einsamkeit auch aushalten können. Pilger fanden niemals ihren Weg hierher. 1428 ließ ein furchtbares Erdbeben das Kloster in Trümmer sinken. Danach versuchten die verbliebenen Bewohner, das Kloster wieder aufzubauen, was ihnen aber nicht so recht gelingen wollte. 1779 verließen die letzten fünf Mönche Saint-Martin-du-Canigou und gaben es damit dem Verfall preis. In seinen Mauern wurde geplündert und geraubt, was nicht niet- und nagelfest war. Erst 1902 begann man mit dem Wiederaufbau des Klosters, sodass es heute wieder so aussieht wie vor dem vernichtenden Erdbeben – freigegeben zur Besichtigung. Aber, so werde ich am Eingang belehrt, das neuerstandene Kloster ist auch Treffpunkt für Ruhesuchende und Meditationshungrige – also Wochenendmönche, die mal ausprobieren wollen, wie es sich denn so anfühlt, in einem echten Kloster zu leben.

Mein Besuch von Saint-Martin verläuft zumindest ungewöhnlich, weil ich an diesem Tag der Einzige bin, der sich auf den Weg hierher gemacht hat. Nach einem informativen Videofilm über die Abtei, gibt man mir zu verstehen, dass die Führung um 16.30 Uhr beginnt und etwa eine Stunde lang dauern wird. Eine alte Nonne mit lieben Augen holt mich am Eingang ab und führt mich schweigend durch das Kloster. »Lassen Sie uns gemeinsam schweigen!«, hatte sie mich begrüßt.

Sie spricht wirklich die ganze Zeit über kein einziges Wort mit mir, sondern zeigt stattdessen auf verschiedene Säulenkapitelle im Kreuzgang, bringt mich in die gedrungene Unterkirche Notre-Dame-Sous-Terre, zum kleinen Klostergarten, zum Felsengrab des Grafen Guifred von der Cerdagne, der sich seine letzte Ruhestätte eigenhändig aus dem harten Stein herausgemeißelt hat.

Ich bin beeindruckt, und das liegt auch daran, dass ich nicht mit Jahreszahlen und kunsthistorischen Fakten überfüttert werde. Ohnehin habe ich im Vorfeld einiges über das Kloster gelesen. Habe ich anfangs die stumme Führung an der Seite der Nonne noch als seltsam empfunden, so weicht dieses Gefühl mehr und mehr einer stillen Freude, denn ich fühle mich plötzlich sehr wohl hinter diesen schweigenden, altehrwürdigen Mauern. Die Seele des Klosters hat mich ergriffen. So genieße ich die Stille, das Spiel von Schatten und Licht im alten, trapezförmigen Kreuzgang, die höhlenartige Krypta mit ihrem aufregenden Dämmerdunkel, in der einstmals die Heilige Jungfrau verehrt wurde. Dass ihr Heiligtum unter der Erde liegt, verbindet sie mit den antiken Muttergottheiten. Zuletzt stehe ich in der so genannten vierten Galerie des Kreuzgangs und habe von hier einen hinreißenden Blick in die Gebirgslandschaft und in die tiefe Schlucht des Cadi. Nur mühsam kann ich mich von diesem herrlichen Felsenpanorama wieder losreißen. Meine Begleiterin lächelt mich auffordernd an und macht damit deutlich, dass die Zeit nun abgelaufen sei.

»So schnell schon?«, sage ich überrascht. Doch sie macht mir ein Zeichen, ihr zu folgen. Wir gehen an Säulenkapitellen vorbei, und ich entdecke ähnliche in den Marmor gemeißelte Bestien und Fratzen wie in Serrabonne. Auch hier wird der Kampf zwischen Gut und Böse, zwischen Tugenden und Lastern dargestellt. Zuletzt macht mich die Nonne auf eine ganz besondere Skulptur aufmerksam. Ich erkenne eine halb nackte Tänzerin, die mich auffordernd, ja lasziv anblickt.

»Die Schönheit?«, frage ich provozierend.

Sie verneint stumm.

»Die Lebenslust?«

Erneut ein stummes Verneinen, ohne dass ich dabei eine Regung in ihrem Gesicht erkennen könnte.

»Die Wollust?«

Ihre Augen beginnen zu leuchten, und sie nickt. Ich habe es die ganze Zeit über gewusst, aber mich hat nun einmal der sprichwörtliche Hafer gestochen. Die Wollust, dargestellt als Tänzerin, aber wer kann heute noch sagen, was Wollust bedeutet und vor allem, warum sie sündig sein soll?

Wir kehren zum Ausgang des Klosters zurück. Meine freundliche Führerin lächelt mich an, und ganz leise höre ich sie sagen »*God bless you*«, weil englisch nun einmal die Universalsprache ist, vor allem aber in dieser Gottesburg bei der Vielzahl der Touristen aus allen Ländern. So verlasse ich andächtiger und guter Stimmung die heilige Stätte und das schwere Tor schließt sich hinter mir. Wie hatten die Mönche von einst noch geschrieben: Bei uns soll man lernen, die Stille anzuhören. Was für ein Glück ich doch hatte, denke ich begeistert, dass ich ganz allein nur mit der schweigenden Frau an meiner Seite dieses historische Gebäude besuchen durfte. Zweifellos ein Gottesgeschenk!

Die Cagoten oder das letzte Geheimnis

Später, als ich wieder in Casteil bin und mir dort ein Hotelzimmer suche, fällt mir ein, wie viele Kontraste das Leben in den Pyrenäen doch bietet. Einerseits das Kloster des Schweigens von Saint-Martin, wo zudem noch die Wollust tanzt, andererseits der Karneval von Limoux. Limoux liegt in der Nähe von Gajan und es war Herbert gewesen, der uns bei einem unserer letzten Besuche auf den Karneval in dem hübschen Städtchen an der Aude aufmerksam gemacht hatte.

»Wie Karneval?«, fragte ich erstaunt. »So wie in Köln oder Mainz?«

»Bestimmt nicht! Eher durch und durch pyrenäisch«, lautete die Antwort. So besuchten wir Limoux just in jener Zeit, als die ganze Stadt ihre für Rheinländer stark gewöhnungsbedürftige Art von Karneval feierte. Das geschieht in den Monaten Januar bis März und der Karneval hier ist so speziell, dass sich Menschen von außerhalb zunächst keinen Reim auf das machen können, was sich ausschließlich sonntäglich um 11, 17 und 21 Uhr auf dem großen Place de la République abspielt. Dabei hat jeder Stadtteil von Limoux seinen eigenen Auftrittstag. Als wir in die seltsamen Feierlichkeiten hineinplatzten, gab gerade der Stadtteil östlich der Aude seine Karnevalsvorstellung.

Männer, Frauen und Kinder waren unter deutschen, karnevalistischen Gesichtspunkten eher dezent geschminkt und kostümiert. Viele Teilnehmer erinnerten mich an Kellner oder Artisten im Varietee. Alle tanzten, begleitet von einer Musikkapelle, nach einem besonderen Rhythmus, der äußerst schwerfällig auf uns wirkte. Merkwürdige Gesten verstärkten den Eindruck, mehr einer unheimlichen Seance beizuwohnen als einer Karnevalsveranstaltung. Der Karneval in Limoux hat seine Wurzeln im Mittelalter, nennt sich Fécos und ist das Gegenteil von ausgelassenem Treiben.

»Bei uns wird am Karneval immer viel getrunken«, erkläre ich einem Einheimischen.

»Schade! Dann kann man doch nicht mehr schön tanzen!«, lautet seine Antwort. Nun ja, wenn er das so sieht, hat er sicherlich Recht, aber einen Kölner, Mainzer oder Düsseldorfer wird er damit nicht überzeugen können.

Vielleicht ist diese spezielle Form des Karneval irgendwie katharisch geprägt, rätsele ich, Allerdings wird rund um das Treiben auf dem Platz in Limoux viel miteinander geredet und diskutiert, der regionale Wein getrunken, geraucht und gelacht. Doch alles eben sehr gesittet und ruhig.

Während ich mich an den Karneval von Limoux erinnere, dabei in Casteil draußen vor einem Bistro mit einem Süßwein sitze, entdecke ich unter den Passanten einen Mann, der wie ein spanischer Hirte aussieht. Er trägt einen ponchoähnlichen Umhang und einen breitkrempigen Hut. Sein Teint ist sehr dunkel und mit seinen Bartstoppeln und seiner eher schäbigen Kleidung muss er auf viele Nichteinheimische wie ein Clochard wirken. Seine dunklen Augen beobachten wachsam alles, was in den Gassen vor sich geht. Zuletzt hockt sich der Unbekannte auf eine Treppenstufe und dreht sich gemächlich eine Zigarette.

Ich beobachte ihn unauffällig von der Seite und überlege,

Sphinx vom Roc Cornut.

ob dieser Mann einer von denen sein könnte, die man hier früher Cagoten genannt hat. Wobei niemandem bis heute so richtig klar ist, was damit überhaupt gemeint ist. Die Cagoten scheint es offensichtlich nur in den Pyrenäen zu geben, weil man ausschließlich hier von ihnen spricht. Behandelt wurden sie wie Aussätzige, denen man lieber aus dem Weg geht. Aber woher kommen sie? Warum wollte man mit ihnen nichts zu tun haben? Offensichtlich ein Tabuthema, und keiner will Cagoten kennen, wenn man die Bewohner der Pyrenäen nach ihnen befragt: Keine Ahnung! – Weiß ich nicht! – Habe nie einen zu Gesicht bekommen.

»Cagoten«, so erfuhr ich eines Tages von einem promovierten Südfranzosen, »sind Phantome. Es gab sie nie und es wird sie auch niemals geben. Sie sind mystisches Geschwätz, eine

Erfindung jener, die immer einen Sündenbock für bestimmte Dinge brauchen.«

Aber was sind sie nun wirklich, fragte ich mich? Wirklich nur Phantome oder steckt mehr dahinter? Und so hatte ich diese Frage eines Abends am Lagerfeuer in den Bergen auch Jérôme gestellt, dem weit gewanderten Hirten. Jérôme war zusammengezuckt, als habe ihn eine Schlange gebissen. Dann hatte er mich lange aufmerksam angesehen und dabei nachdenklich seine Pfeife gestopft.

»So, dich interessieren also die Cagoten«, hatte er nach einer sehr langen Pause geantwortet. »Ich sage es dir ganz ehrlich, ich könnte dich jetzt abwimmeln und behaupten, ich wisse nicht, wovon du sprichst, aber ich werde versuchen, dir eine Antwort zu geben. Du weißt, dass es Leute gibt, die behaupten, die Cagoten habe es niemals gegeben, und andere wiederum wollen dir beweisen, dass der Letzte von ihnen – ein gewisser Pierre Léon Laugué – im Alter von 38 Jahren am 14. Januar 1905 in Pinton gestorben sei. Du siehst, wie weit die Meinungen über die Cagoten auseinander gehen.«

Jérôme hatte sich unterbrochen, weil Jean frisch aufgebrühten Tee anbot. »Weißt du etwas über dieses Thema?«, will ich von Jean erfahren.

»Nicht sehr viel. Nur dass es für die Menschen der Pyrenäen eine wenig schmeichelhafte Geschichte ist. Da muss sehr viel Unrecht geschehen, sehr viel unschuldiges Blut vergossen worden sein, und das viele Jahrhunderte lang. Mit Jérôme hast du jemanden gefunden, der dir bestimmt mehr dazu sagen kann.«

»Warum gerade du?«, wendete ich mich wieder an Jérôme.

»Weil ich einen guten Freund hatte, einen Schäfer, der ihrer Rasse angehörte, die man auch die verfluchte nennt«, sagte Jérôme und sah mich dabei aufmerksam an. »Ein Cagote durfte früher nicht mehr als zwanzig Schafe besitzen, ein einziges Schwein, einen Ziegenbock und maximal sechs Gänse. Es war Cagoten bei Strafe verboten, irgendetwas Essbares zu kaufen oder zu verkaufen. Kein Cagote durfte sich mitten auf der Straße bewegen, Restaurants oder Geschäfte aufsuchen. Es gab eigene Quellen für sie, eigene Wohnbezirke außerhalb der Ortschaften. Die Kirchen durften sie nur durch eine spezielle Tür betreten, und sogar das allgemeine Weihwasserbecken stand ihnen nicht zur Verfügung – Cagoten tauchten ihre Hände in die ausschließlich für sie an den Kirchenwänden angebrachten Becken. Wo allgemein der Schwur eines Einzigen genügte, mussten sieben Cagoten schwören. Es war verboten, einen von ihnen anzufassen – aus diesem Grunde reichte ihnen der Pastor die heilige Hostie auf einer langen hölzernen Gabel. Starb einer von ihnen, so wurde er nicht auf dem katholischen Friedhof beerdigt. Wie du siehst, Franjo, hast du dir ein Thema ausgesucht, über das die Menschen der Pyrenäen lieber schweigen würden, und genau das geschieht auch. Über die Cagoten zu reden, ist bei uns tabu.«

Ich bin erschüttert über so viel Ungerechtigkeit einer Bevölkerungsgruppe gegenüber. Aber nun wollte ich von Jérôme wissen, wie ein Cagote von anderen Menschen unterschieden werden konnte.

»Ach, das war ziemlich einfach«, lautete Jérômes Kommentar. »Zunächst einmal gab es in jeder Gemeinde Bücher, in denen alle Namen der ansässigen Cagoten aufgeschrieben waren, und dann waren die Cagoten auch gezwungen, sich äußerlich kenntlich zu machen. Das geschah durch ein rotes Stück Stoff vorne auf dem Mantel oder dem Hemd. In manchen Städten wie Lourdes beispielsweise trugen Cagoten den Fuß einer Gans auf ihrer linken Schulter geheftet.«

Ähnlich gebrandmarkt wie die Juden in unserer deutschen Geschichte, durchfährt es mich schaudernd. Wie konnte sich gegenüber einer bestimmten Menschengruppe nur so viel Hass und Ablehnung aufbauen und das über Jahrhunderte hinweg?

»Wer sind denn die Cagoten, dass sie so viel Unrecht erleiden mussten?«

»Das kann ich dir nicht beantworten, jedenfalls nicht endgültig und zufrieden stellend«, sagte Jérôme und zog wieder bedächtig an seiner Pfeife. »Man nennt sie auch Argoten oder Gézitain, Gahets oder Gehazites, Chiens Gots oder Crestian. Man hat ihnen unzählige Namen gegeben, aber kein einziger erklärt ihre Herkunft. Cagoten durften Schreiner, Zimmerleute, Maurer und Schäfer sein. Verheiraten durften sie sich ausnahmslos nur untereinander. Einige glauben, dass die Cagoten Nachfahren der Westgoten seien, die hier im 4. Jahrhundert herrschten, oder Nachkommen der Mauren. Andere denken, sie seien jüdischen Ursprungs, ein Stamm, der verloren ging. Manche Forscher halten sie für Landvertriebene, so wie die Tinker in Irland, die Oliver Cromwell von ihrem Grundbesitz vertrieb. Niemand weiß wirklich Gesichertes über die Cagoten und sie haben anscheinend selbst alles Schriftliche über ihre Herkunft vernichtet.«

»Aber warum sollten sie das tun?«

»Wenn man von der Mehrheit einer Region als Dieb, Hexer, Kinderschänder oder Verursacher von Epidemien bezeichnet und von allen wie die indischen Parias als unberührbar angesehen wird, dann fängt man vermutlich irgendwann selbst an zu glauben, dass die anderen Recht haben. Dann schneidet man sich vielleicht aus Mangel an Selbstbewusstsein den Zugang zu seinen eigenen Wurzeln ab.«

Ausgeschlossen von allen sozialen Kontakten und Einrichtungen – was für ein Leben! Cagoten wurden, wie ich später erfuhr, im Mittelalter von Ärzten sogar zu medizinischen Zwecken missbraucht. Man wollte herausfinden, ob ihr Blut anders sei als das der »normalen« Menschen. Aus dieser Zeit gibt es Berichte über das Aussehen der Cagoten: kleinwüchsig, blond, blaugraue Augen, längliches Gesicht und etwas vollere Lippen, schöne Gestalt bei den Frauen, robustere bei den Männern. Lange Zeit waren runde Ohrläppchen in den Pyrenäentälern ein Zeichen für die Zugehörigkeit zu den Cagoten.

»Ebenso das, was man hier in den Tälern noch heute Cagoutelle nennt, eine Krankheit, die die Cagoten besonders bei Vollmond befallen soll.«

»Und wie sieht die aus?«

»Nun, bei Vollmond sollen vor allem die Frauen der Cagoten tanzsüchtig und aggressiv geworden sein. Dann sagte man ihnen nach, sie würden normale Menschen anfallen, und es war besser, sie vor Vollmond zu schlagen oder einzusperren. Holzfäller flüchteten aus den Bergen, wo sie arbeiteten, wenn der Vollmond nahte. Sie hatten Angst, den Cagoten in die Hände zu fallen.«

»Und wie steht es heute mit dieser von allen so verfluchten Rasse?«

Jérôme lächelte und zog mehrmals an seiner Pfeife. »Heute sind Cagoten anscheinend kein Thema mehr. Jedenfalls nicht wirklich. Man schweigt sich darüber aus, wie du weißt. In den Ariège-Tälern erzählt man sich jedoch folgende Geschichte. Sie ist nicht sehr aufregend, besagt aber viel: Also, so um das Jahr 1900 verliebte sich ein wohlhabender Bauer in ein hübsches Mädchen. »Ich bin Cagotin! Du darfst mich nicht lieben«, entgegnete sie ihm, als er ihr seine Liebe gestand. Da lächelte der reiche Bauer und flüsterte der Frau ins Ohr: »Nun, meine Schöne, ich will dir ein großes Geheimnis anvertrauen. Ich bin auch Cagote, aber das soll außer dir niemand wissen!«

Also hat die Ungerechtigkeit gegenüber den Cagoten zuletzt doch noch ein Ende gefunden und heutzutage gibt es solche Diskriminierungen offensichtlich nicht mehr. Falls es jemals eine eigenständige Volksgruppe der Cagoten gegeben hat, dann haben sie sich seit mehr als hundert Jahren mit den »Normalen« vermischt. Womit das üble Thema erledigt sein dürfte.

Kopf eines Cagoten
in einer Hauswand.

Ich trinke mein Rotweinglas leer und beobachte noch immer den Mann auf der Treppe. Er gleicht in nichts den Cagoten, wie sie mir beschrieben wurden. Er wirkt nur anders als die Menschen um ihn herum, ist anders gekleidet, benimmt sich ein wenig abweisend. Als ich wieder aufschaue, ist der Unbekannte verschwunden. Die Bedienung kommt, und ich bezahle. Bevor ich gehe, frage ich sie: »Wissen Sie, was ein Cagote ist?«

Aber die junge Frau zuckt nur die Achseln und meint: »Ich kenne mich mit den neuen Rappern nicht so gut aus. Ich mag lieber die Songs von Vanessa Paradis, die ja mit Johnny Depp zusammenlebt.«

Zu einem späteren Zeitpunkt besuche ich die Ortschaft Vicdessos, südlich von Tarascon. An einem alten Haus, so hatte mir Jérôme erzählt, soll sich ein merkwürdiger, etwa 40 Zentimeter großer Steinkopf rechts neben der Haustür befinden. Nach einigem Suchen entdecke ich das merkwürdige Objekt in unmittelbarer Nähe der dunkelbraunen, wurmstichigen Eingangstür. Jérôme hatte mir gesagt, dass die Cagoten gern solche ungewöhnlichen Köpfe an ihren Häusern angebracht hätten. Warum, weiß niemand. Allerdings habe ich von einem blutigen Kampf gehört, der sich um 1880 in und um Lourdes ereignet haben soll. Damals haben sich die Cagoten gegen die Einwohner der Stadt erhoben und viele von ihnen getötet. Anschließend sollen die Cagoten mit den abgeschnittenen Köpfen ihrer Unterdrücker Ball gespielt haben. Vielleicht stellen also diese steinernen Köpfe an den Häusern einen Hinweis auf ihren Aufstand dar.

Ich jedenfalls erkenne in dem eher roh aus dem Stein gehauenen Gesicht auch zugleich den Stolz von Menschen, die von der Mehrheit als anders, als minderwertig betrachtet wurden: Wir sind nur Dreck, sagt ihr? Wir werden unsere Gesichter wenig fein an unsere Hauswände anbringen, damit sich die Nachwelt ein Bild von uns machen kann. Warum, so soll sie sich fragen, haben sich Menschen in dieser Weise selbst dargestellt? Was für eine Schande für die heuchlerischen »Normalen«!

Höhlen für Flugzeuge und für die Seele

Vor langer Zeit lebte in einem Gebiet mit hohen Bergen und tiefen Tälern das Volk der Bekryden. Bebryx, der Herrscher dieses Volkes, wohnte in der Höhle von Lombrives. Seine hübsche Tochter Pyrene, die von allen Stammesfürsten der Umgebung heftig umworben wurde, ließ sich von dem jungen Herakles verführen, der bald darauf zu neuen Taten aufbrach. Um dem Zorn ihres Vaters zu entgehen, flüchtete Pyrene ins Gebirge. Auf ihrem Weg wurde sie von einem Bären angegriffen. Auf ihre Schreie hin eilte Herakles, der Held, unverzüglich zu Hilfe, tötete zwar den Bären, konnte aber das Mädchen nicht mehr retten. Bevor sie starb, sagte er zu ihr: »Damit man deiner immer gedenke, süße Pyrene, werden die Berge, in denen du ruhst, fortan deinen Namen tragen.«

Seitdem heißt das Gebirge mit den hohen Bergen und den tiefen Tälern Pyrenäen.

Diese griechische Legende war in der Antike sehr bekannt. Mitunter ist es kein Bär, der Pyrene tötete, sondern eine Schlange. Darstellungen davon habe ich an einigen Stellen in den Pyrenäen gefunden. Pyrene wurde nach ihrem Tod verbrannt und zwar auf einem sehr hohen Scheiterhaufen. Das Feuer fraß sich einen Weg in die Tiefen des Gebirges und erweckte dort Quellen von Silber und Gold, die daraufhin, wie uns der römische Dichter Salius Italicus versichert, »in Strö-

Pyrene, mögliche Namensgeberin der Pyrenäen.

men« geflossen sein sollen. Feuer aber heißt auf Griechisch *pur* bzw. *puros* und Diodor von Sizilien schreibt, dass der Name der Pyrenäen von einem gewaltigen Feuer herrühre, das einstmals dort gewütet habe.

Wie dem auch sei, Feuer und Ströme von Silber und Gold symbolisieren den Reichtum dieses ungewöhnlichen Gebirgszuges im Süden Europas, wobei das Feuer für die geschichtlichen Umwälzungen stehen und das Gold für die Schätze stehen mag, die man seit Jahrhunderten in den Grotten und weit verzweigten Höhlensystemen der Pyrenäen sucht. Von diesen soll jetzt die Rede sein.

Pyrenes Vater Bebryx, der sagenhafte König der Urzeit, lebte also mit seiner Familie in der riesigen Grotte. Als sein Zuhause gilt die Höhle von Lombrive, in der man im 20. Jahrhundert seltsame Graffiti gefunden hat, deren Urheber man nicht kennt. Es gibt nur Vermutungen, wer sie in den Fels geritzt haben könnte. Auf den Betrachter wirken sie wie die Handschrift Verlorener, und es heißt, dass der Bischof von Foix hier im Mittelalter Katharer einfach lebendig eingemauert habe. Sie hatten sich in der Höhle von Lombrive versteckt, waren jedoch entdeckt worden und so wurde die einstige Behausung von Pyrenes Vater zu ihrem Grab. Später entdeckte man dort hunderte von Skeletten Erwachsener und Kinder und zog seine traurigen Schlüsse daraus. Aus welchem anderen Grund hätten sich sonst so viele menschliche Überreste in einem einzigen Höhlenabschnitt befinden sollen, wenn sie nicht auch hier verstorben wären – grausam umgebracht?

Höhlen waren für die Menschen zu allen Zeiten »Eingänge in die Unterwelt« und führten folglich dorthin, wo das ganz Andere, das vollkommen Unbekannte und somit auch Unheimliche zu Hause ist. Die pyrenäischen Menschen des Mittelalters haben diesbezüglich nicht anders gedacht als die Menschen in anderen Gegenden Europas.

Nicht von ungefähr kam auch die Vorstellung vom Tartarus, jenem finsteren Strafort in der Tiefe der Erde, so weit von der Erdoberfläche entfernt wie der Himmel von der Erde und von ehernen Mauern und dem Fluss Pyriphlegeton umgeben. Tartarus wurde auch als tiefster Teil des Hades angesehen und war ein Göttergefängnis, in dem Zeus Missetäter und Gottesfrevler gefangen hielt.

So fürchteten die Bewohner der Pyrenäen ihre zahlreichen Höhlen in dem großen, wilden Gebirgszug und belebten sie in ihrer Fantasie mit allerlei seltsamen Wesen. Wie sollte man sie als mittelalterlicher Mensch auch anders betrachten, wenn man von einigen Wagemutigen, die sich in diese Höhlensysteme hinein getrauten, erfuhr, dass manche von ihnen so groß seien wie Kathedralen, andere an den Wänden seltsame Bilder und Zeichen aufwiesen und in vielen Knochen von riesigen Tieren lägen? Zudem waren die meisten Höhlen Orte verborgener Schätze, Zufluchten verfolgter Menschen oder Unterschlupf für wilde Tiere. Höhlen waren gefährlich und unheimlich zugleich. Dorthin trauten sich nur einige Tollkühne, die sich von ihrem Wagemut Reichtum und Ansehen versprachen. Wer heutzutage die Pyrenäen besucht, sollte sich auch in die Tiefe begeben, denn sie gehört zu dieser Landschaft wie Feuer und Eis, Sonne und Mond, Katharer und rechtgläubige Christen.

Über die Bildung dieser Höhlen, von denen man bis dato 23 in den östlichen Pyrenäen entdeckt hat, sind zahlreiche wissenschaftliche Abhandlungen geschrieben worden. Sie entstanden durch unterirdische Risse und Bruchstellen im Kalkstein, die den Weg des einsickernden Wassers bestimmten. Die Wasserläufe erweiterten durch mechanische Erosion und den chemischen Vorgang der Korrosion diese Risse zu großen Höhlen. Wie gewaltig die Kraft des Wassers bei der Bildung der Höhlen sein kann, erfuhr ich, als ich zum ersten Mal die nur wenige Kilometer nördlich von Niaux gelegene, atemberaubende Grotte de Bédeilhac besuchte. Allein die Vorhalle dieser Höhle ist 36 Meter breit, 25 Meter hoch und unglaubliche 700 Meter lang.

Nach wie vor hält sich hartnäckig das Gerücht, die Deutschen hätten während des Zweiten Weltkriegs in dieser Felshalle Flugzeuge starten und landen lassen. Nicht unvorstellbar, wenn man sich die Ausmaße der Grotte vor Augen führt, aber eine Schande für die Natur und das uralte Kulturgut, das diese Höhle beherbergt. Denn auch in der Grotte von Bédeilhac hat man faszinierende Hinweise auf eine frühe Besiedlung dieses Ortes durch Menschen gefunden: Bisons, Rentiere, Pferde und Handabdrücke – an die Felsen gebracht mit rotem Ocker und Blut.

Was solche Felsbilder angeht, so wird jedoch auch der Besuch einer weiteren Höhle, der Grotte von Niaux, zu einem unvergleichlichen Erlebnis.

Freunde hatten mich vorgewarnt, ich müsste mich für die Führung durch das unterirdische Labyrinth telefonisch anmelden. Ich gehorchte brav, und das war auch gut so, denn eine nette Stimme am Telefon erklärte mir nach meiner Buchung, dass mit meiner Anmeldung die Gruppe nun vollzählig sei.

»Wir akzeptieren nicht mehr als zwanzig Besucher pro Führung.«

»Und warum diese Begrenzung?«

»Weil Niaux keine Show-Höhle ist wie manche andere. Eigentlich hätte ihr Zutritt neugierigen Besuchern generell verwehrt sein müssen, aber wir brauchen das Geld, um sie damit schützen zu können. Trotzdem muss die Anzahl der Besucher limitiert werden, damit die unschätzbaren Malereien keinen Schaden erleiden.«

Ich hatte also noch mal Glück gehabt. Mit dem Auto fuhr ich zur Grotte bei Tarascon-sur-Ariège und fand schon die Anfahrt bedeutsam. Der steile Weg hinauf endete unter einem mächtigen Übergang, von wo es einen beeindruckenden Blick über das gesamte Tal gab. Ich konnte mir vorstellen, dass die Menschen der Urzeit, die hier einst gelebt hatten, sich hier sehr sicher gefühlt haben müssen. Niemand kann sich unbemerkt nähern.

Am Eingang zur Höhle, die immer verschlossen ist, hatten sich bereits viele Leute versammelt: Männer, Frauen, Kinder. Plötzlich öffnete sich die graue Eisentür und die Gruppe, die vor uns hineingelassen worden war, entstieg wieder dem Leib der Erde und ein Blick in ihre nachdenklichen Gesichter sagte mir, dass sie zuvor etwas erlebt haben mussten, was sie noch lange danach beschäftigen würde. Wir wurden von unserem Führer begrüßt, einem jungen Franzosen von vielleicht 25 oder 30 Jahren, und ausgerüstet mit Taschenlampen folgten wir ihm in die Tiefe des Berges. Es war von Anfang an faszinierend. Ein wenig erhellte elektrisches Deckenlicht die unterschiedlich kleinen und großen Gänge, durch die wir uns bewegten. Gebilde aus Tropfsteinen tauchten im Schein der Taschenlampen auf und ließen die Fantasie spielen. Mitunter machte uns der Führer auf ockerfarbene Punkte an den Wänden aufmerksam – Zeichen jener Menschen, die hier vor 100 000 Jahren ihre Gedanken in dieser Form auf den Kalkstein gemalt hatten.

»Wie ein prähistorischer Morse-Code«, meinte eine Frau neben mir.

»Nur leider kennen wir seine Bedeutung nicht«, sagte ein Jugendlicher, der sich eben den Kopf an einer niedrigen Stelle am Fels gestoßen hatte. »Vielleicht heißen die Zeichen ja auch: Haut ab! Große Gefahr!« Dabei rieb er sich die schmerzende Stelle am Kopf.

»Aufpassen! Gleich könnte es rutschig werden«, warnte unser Führer. »Hier dringt Wasser von oben durch Ritzen und Spalten ein und macht den Boden oft glatt wie eine Schlitterbahn.«

Vorsichtig setzten wir ein Bein ganz langsam vor das andere. Die Zauberwelt der Stalaktiten hielt uns dabei in ihrem Bann.

Wandelgang in der Abtei Fontfroide.

»Guck mal dort! Wie schmelzendes Eis!«, hörte ich jemanden überrascht rufen. Dann mussten wir uns beim Gehen erneut bücken. Schließlich bat uns der Führer, alle Lichter auszumachen, denn er habe eine Überraschung für uns. So tasteten wir uns schweigend in einen dunklen Raum hinein. Kein Licht, kein Ton, nur unser Atmen erfüllte diesen Raum, den man den *salon noir*, den »schwarzen Raum« nennt. Kühle umfing uns, je länger wir standen und warteten – 900 Meter vom Eingang entfernt. Plötzlich beleuchtete ein Lichtstrahl einen einzigen Punkt hoch oben an der Decke und was wir sahen, schlug uns sofort in seinen Bann: Pferde im Profil, ein Hirsch, Steinböcke, Auerochsen, Bisons, Jagdszenen mit Menschen – ein unglaublich schöner Anblick, der uns andächtig staunen ließ. Ich tauchte ein in das blutige Rot der Darstellungen, die Menschen vor tausenden von Jahren in der Tiefe der Erde an den Wänden angebracht hatten. Dabei hatten sie Unebenheiten im Stein ins Bild integriert und Asche und Blut – Rot und Schwarz – als ihre bevorzugten Farben verwendet. Der Raum selbst war so hoch wie das Innere einer Kathedrale und lud schon deshalb zum Innehalten und zur Meditation ein. Ein magischer Ort, an dem, wie uns der Führer erklärte, unbekannte Riten stattfanden, bei denen junge Männer ins Leben eingeführt worden sind – im Bauch der Mutter Erde.

Je länger ich auf die faszinierenden Bilder starrte, desto mehr schienen sie mich aufzusaugen. Tiere wie diese hatten die Menschen der Urzeit gejagt. Sie waren für sie sowohl Nahrung als auch Wesen, die geschützt werden mussten. Aus diesem Grunde malten sie Bison, Pferd und Auerochs an die Wand, um sie durch die Darstellung zu ehren: Ich muss euch töten, weil ich Hunger habe. Aber ich halte euch auch im Bild fest und zeige euch so allen, damit ihr nicht vergessen werdet! Ein völlig anderes Verständnis von der Beziehung zwischen Mensch und Tier, als wir es heute haben, denke ich bewundernd.

Noch lange könnte ich so in meinen Gedanken versunken hier im *Salon noir* stehen und mich der Welt unserer Vorfahren in der Fantasie ausliefern, aber die Zeit unserer Führung läuft ab. Plötzlich verlöscht das Licht. Dunkelheit umgibt uns und als wir wieder unsere Taschenlampen anmachen dürfen, treten wir auch schon den Rückweg zur Sonne an.

Um *über* der Zeit zu stehen, muss man einen Ort aufsuchen, der *jenseits* der Zeit liegt, denke ich, von diesem Ausflug bereichert.

Meine kleine Fantasie beim Besuch eines unterirdischen Flusses

Niemand konnte so schön singen und so bezaubernd die Leier schlagen wie Orpheus, der mit der lieblichen Nymphe Eurydike vermählt war, die er innig liebte. Doch auf einem Frühlingsspaziergang wurde Eurydike von einer Natter gebissen und starb. Orpheus weinte laut über den Tod seiner Gattin und weil er sie zurück haben wollte, entschloss sich Orpheus, mit seiner Leier in das Totenreich hinabzusteigen. Doch es gelang ihm nicht, seine Geliebte zu sich zu holen und Orpheus musste allein zurückkehren in die Oberwelt.

Es war brütend heiß im Roussillon. In Herberts Garten dösten die Katzen im Schatten der Bäume. Kaum ein Wind bewegte die üppige Pracht der Pflanzen und es schien wirklich das Angenehmste zu sein, an solch einem Tag alle viere unter einem Sonnenschirm von sich zu strecken. Über so viel Untätigkeit kam es zu einem Streit zwischen dem Autor und seiner geliebten Ehefrau. Zuletzt stieg sie ins Auto und fuhr davon.

Was war der Grund?

Wir hatten an diesem Tag geplant, uns eine bestimmte unterirdische Attraktion anzusehen, nämlich den *rivière souterraine de Labouiche*. Ich gebe zu, dass ich mir davon nicht allzu viel versprach. So zögerte ich an jenem Tag unsere Abfahrt nach Labouiche mehr und mehr hinaus und verwies auf das heiße Wetter. »Hat unser Auto nun eine Klimaanlage oder nicht?«, konterte Christiane. Und als ich dieses Argument einfach überhörte, stieg sie wutentbrannt allein ins Auto und brauste davon – ohne Zweifel zum geplanten Ausflugsziel dieses Tages, dem unterirdischen Fluss.

Nach einer Weile bereute ich mein dämliches Verhalten und bat Herbert, mir seinen Wagen zu leihen, um meiner Frau hinterher zu fahren. Was ich zu dem Zeitpunkt noch nicht ahnte: Es sollte für mich eine geradezu mythische Reise werden.

Labouiche liegt etwa sechs Kilometer nordwestlich von Foix. Von Gajan aus fährt man keine zwei Stunden dorthin. Zunächst ging es von Limoux aus westlich nach Mirepoix. Seit dem Mittelalter hat das hübsche Städtchen am linken Ufer des Hers-Vif eine bewegte Geschichte hinter sich. Katharer lebten hier und wurden auf furchtbare Weise verfolgt. Ein Dammbruch am See von Puivert im Jahre 1279 begrub Mirepoix unter Schlammmassen. Einige Jahre später brach in der neuerbauten Stadt ein verheerender Brand aus und während der Pest starben allein in Mirepoix 5000 Menschen. Ein wenig gilt das hübsche Städtchen mit seinen bekannten Arkaden aus Holz als Unglücksort, aber das schien die Bewohner von Mirepoix nicht zu stören. Sie rappelten sich nach jeder Katastrophe immer wieder auf, und es geht sogar das Gerücht um, dass Mirepoix eine heilkräftige Stätte für all jene sei, die an nervöser Erschöpfung litten.

Ich fuhr an Mirepoix vorbei weiter in Richtung Foix. Eine Stunde später erreichte ich das Ziel meiner Reise. Protzig aufgemachte Schilder, wie ich sie erwartet hatte, priesen marktschreierisch die einzige Sehenswürdigkeit dieser Gegend an: den *rivière souterraine*, den unterirdischen Fluss.

Entstanden war er am Ende der Eiszeit, als die Schmelzwassermassen der Gletscher unzählige unterirdische Gänge gegraben hatten. Normalerweise trocknet ein solcher Fluss im Laufe der Jahrtausende aus, wie mir ein Geologe mal erklärte, was bei dem von Labouiche jedoch nicht geschehen war. Dass der Fluss auf einer ziemlichen Länge erhalten geblieben war, hatte man 1908 entdeckt und später touristisch verwertet.

Ich näherte mich dem Eingang zum unterirdischen Fluss und begab mich über Stufen hinab in die Tiefe. Dabei schoss meine Fantasie herrlich ins Kraut und nahm mich auf eine mythische Jenseitswanderung mit, wie sie Dante in seiner »Göttlichen Komödie« beschrieben hat.

Der Hades ist ein freudloser, aber auch relativ leidloser Ort – es gibt weder Hölle noch Himmel und keine Notwendigkeit der Läuterung. Denn der Hades ist kein Ort der Vergeltung. Seine Bewohner sind Schatten, kraftlose Bilder, Traumfiguren, ähnlich dem, was von den Abgeschiedenen im Gedächtnis der Lebenden zurückbleibt. Er wäre lieber der letzte Tagelöhner droben im Licht als Herrscher im finsteren Totenreich, hatte Orpheus erklärt.

Stufen führten mich hinunter in das Reich des Schattens, wo der Fluss Acheron und der Totenschiffer Charon auf mich und andere bereits warteten. Auf einem kleinen Nachen würde uns Charon wie einst Orpheus durch das seltsame und nicht ungefährliche Reich der ewigen Schatten fahren. Gedankenverloren stieg ich in das kleine Boot und setzte mich auf die harte Bank zu den anderen. Kaum jemand sprach ein Wort. Zu beiden Seiten und über uns die glatten Wände der Höhle, auf denen sich im kargen Licht eigenartige Schattenspiele zeigten. Die Seelen der Verstorbenen?

Als wir eine Biegung umrundeten, entdeckte ich in einem

Nachen vor uns meine Frau. Sie kauerte so wie ich inmitten der Reisenden. Meine Rufe verhalten ungehört. Christiane drehte sich nicht einmal nach mir um! Ich war verärgert und erntete nur mitleidiges Grinsen meiner Mitreisenden.

Plötzlich wurde die Fahrt mit dem kleinen Boot schneller. Wirbel entstanden im Wasser. Einige Frauen schrien erschrocken auf. Unser Führer bleckte grinsend die Zähne und beruhigte mit der Hand. Doch einige blickten ihn entsetzt an. Waren wir etwa in einen Strudel geraten, aus dem es kein Entrinnen mehr gab? War das die schreckliche Strafe für all jene Sünder, die zu Lebzeiten nichts lieber taten als im Blut zu waten? Dantes Vergeltungsidee besteht darin, dass die Sünde sich selber straft: Die Übeltäter müssen in der Regel nicht das leiden, was sie anderen angetan haben, sondern weiterhin das tun, was sie im Leben gegen Gottes Gebot getan haben – jetzt allerdings zu ihrer Qual. Aber Gott sei Dank ging es auf unserem Fluss nicht um göttliche Vergeltung!

Der 60 Meter unter der Oberfläche mal sanft, mal kräftiger dahin fließende Rivière de Labouiche lädt wirklich dazu ein, sich bestimmten Jenseitsvostellungen hinzugeben. Es entsteht ein Spiel der Sinne, ausgelöst durch die diffusen Lichtverhältnisse unter der Erde und der Vorstellung, in einer »Nussschale« auf einem wirklichen Fluss tief im Erdinnern zu fahren. Nichts für Leute, die an Klaustrophobie leiden, denn Aussteigen oder Umkehren ist nicht möglich. Ein gutes Dutzend Menschen reisen so durch die Schattenwelt, vorbei an wunderbaren Kalksteingebilden, und alle staunen über das, was sie sehen. Manchmal ist es ratsam den Kopf einzuziehen, dann wieder öffnet sich der schmale Gang zu einer großen, beeindruckenden Halle. Nur selten unterbricht der Fährmann das Schweigen und gibt Erklärungen.

»Der Fluss ist vermutlich knapp vier Kilometer lang«, sagte er, »aber nur die Hälfte davon ist befahrbar. Die Geologen meinen, dass der Fluss weitaus verzweigter ist, als wir ihn heute kennen, denn es gibt noch eine Vielzahl unentdeckter Gänge. Im Übrigen werden wir gleich einen kleinen Stopp einlegen und ein anderes Boot nehmen. Aber bleiben Sie immer in der Nähe, damit Sie hier unten nicht verloren gehen.«

Als angenehm empfand ich es, dass hier unten dreizehn Grad herrschten, während es draußen brüllend heiß war. Als wir nach etwas mehr als einer Stunde unser Ziel erreicht hatten, war ich froh, dem Gott der Unterwelt nicht persönlich begegnet zu sein. Vielmehr wartete meine Frau auf mich und fragte mich frech, ob sie denn gerade meinen Schatten im Reich der Unterwelt vor sich sehe, denn in Wirklichkeit würde ich doch noch immer in Herberts Garten faul auf der Haut liegen.

Spott demjenigen, der ihn verdient!

Ein Festmahl im Roussillon

Am vorletzten Tag vor unserer Abreise nach Deutschland lädt Herbert Freunde und Bekannte zum Abendessen in sein Haus ein. Gott Lukullus ist in Frankreich ein gern gesehener Gast und der Herr des Hauses hat auch, wie in Frankreich üblich, mehrere schmackhafte Gänge vorbereitet. Dass Männer gerne kochen, ist ja schon lange kein Geheimnis mehr, und Herbert beherrscht die Küche des Roussillon wirklich ganz ausgezeichnet. Als schließlich alle Gäste an der langen Tafel in seiner Wohnküche Platz genommen haben, bietet uns Herbert erst einmal einen Blanquette an – ein schäumender, gut gekühlter und vorzüglich schmeckender, regionaler Champagner. Und einige der Gäste stellen einmal mehr fest, wie viel Arbeit Herbert doch in den letzten Jahren in sein ehemals abbruchreifes Haus gesteckt hat.

Im kleinen Dorf ist man glücklich darüber, dass Ausländer die alten Häuser gekauft und wieder hergerichtet haben. Andernfalls hätte man sie abreißen müssen, ohne dass neue gebaut worden wären. Vincent, der Bürgermeister, der auch anwesend ist, gibt jedoch zu bedenken: »Es dürfen sich allerdings nicht zu viele Ausländer bei uns niederlassen. Das würde die Alten im Dorf verängstigen.« Tja, Angst vor Überfremdung findet sich auch im kleinsten Pyrenäendorf.

Tony Cassius, ein berühmter Maler und Bildhauer der Region, ist zusammen mit seiner Frau Gigi gekommen. Tony zeigt Fotos von einem einzigartigen Vorhang, den er für ein Museum in Albi geschaffen hat. Während das Gespräch über das Kunstwerk lebhaft im Gange ist, trägt Herbert den ersten Gang auf: gegrillte rote Paprikafilets in Olivenöl. Dazu gibt es, typisch für den Roussillon, Anchovisfilets. Jean und Jérôme, die beiden Schäfer, sind an diesem Abend auch zu uns gestoßen und erzählen den Anwesenden, dass sie sich diese schmackhafte Speise mitunter beim Schafehüten in den Bergen selbst zubereiten.

»Es ist ja nicht allzu schwierig«, meint Jean. »Die Paprikas einfach auf einem heißen Stein braten, bis die Haut dunkel wird, danach abkühlen lassen, längs aufschneiden, die Kerne entfernen, sonst rennst du nachts ständig zur Quelle, salzen, reichlich Knoblauch daran geben und alles mit Olivenöl übergießen. Soll mal bloß keiner denken, dass moderne Schäfer aus der Dose leben oder das Gleiche kauen wie ihre Tiere, nämlich Gras.«

Alle am Tisch lachen, und ich werde gefragt, ob wir denn auf unserer Wanderung auch so herzhaft gegessen hätten.

»Du hast ja gehört, was Jean sagte, dass nämlich der moderne Schäfer ein Gourmet ist. Ich aber wollte ja erfahren, wie es die alten Schäfer gemacht haben und deshalb gab es mehr Dosen- und Tütenfutter – eben typisch mittelalterlich.«

Alle spotten sie jetzt ein wenig über uns und malen sich lebhaft aus, wie wir unsere Schnellterrinen zubereitet haben.

»Was ist denn das Wichtigste beim Schafehüten?«, will Herbert von den beiden Schäfern wissen. Sie gucken ihn aufmerksam an und verziehen dann beide grinsend ihr Gesicht.

»Nicht vom Blitz getroffen zu werden«, antwortet Jean.

Großes Gelächter.

»Nein, im Ernst«, ergreift Jérôme jetzt das Wort, »Ich vermute mal, das du von mir hören willst, worauf ein Schäfer bei seiner Wanderung mit der Herde am meisten achten muss, oder?«

Herbert nickt und alle spitzen jetzt aufmerksam die Ohren.

»Zwischen Mai und September ziehen die Hirten ins Gebirge. Die vielleicht wichtigste Aufgabe des Schäfers ist dabei die richtige Wahl des Standortes, denn die Weiden stecken voller Gefahren. Zuviel Sonne lässt die Schafe verdursten, feuchte Plätze vertragen die Tiere ebenso wenig, und wo viel Schatten ist, ist meist auch Feuchtigkeit. Taufrisches Gras führt zu Koliken und kühle Fallwinde lösen mitunter Panik bei den Tieren aus. Wie du siehst, Herbert, zeichnet sich ein guter Schäfer dadurch aus, dass er ein sicheres Gespür für die Tiere und die Weiden, für Fauna und Flora besitzt.«

»Gibt es denn noch genügend junge Menschen, die diesen Beruf überhaupt ergreifen wollen?«, frage ich Jérôme.

»Na, du hast ja mit uns ein wenig darüber erfahren können«, sagt er schmunzelnd. »Vielleicht bist du ja auf den Geschmack gekommen? Aber Spaß beiseite, wir Schäfer in den Pyrenäen haben erheblichen Nachwuchsmangel. Was wohl auch am höheren Bildungsstand liegt, denn immer weniger junge Männer haben Lust vom Helfer zum selbstständigen Hirten aufzusteigen. Früher sicherte eine Herde von 150 Tieren einer Familie den Lebensunterhalt. Heute wollen die Jungen mehr als das normale Butterbrot zum Leben. Schafe zu hüten bringt ihnen einfach zu wenig ein.«

Ein ernstes Thema und man merkt es Jérôme an, dass ihn der Mangel an Nachwuchsschäfern traurig macht. Aber das soll den anderen nicht die gute Stimmung verderben. Gigi aus dem Dorf erzählt von *sardinades, cargolades* und *saucissades,* die sie im letzten Sommer mehrmals in ihrem Garten zusammen mit Freunden veranstaltet hätten. Dabei werden bei Ersterem Sardinen und andere Fische auf Weinreisig gegrillt, das nach dem Beschneiden der Weinstöcke im Frühjahr anfällt, gesammelt und später dann fürs Grillen verwendet wird. Bei der *saucissade* liegt katalanische Blutwurst auf der Glut, während es bei der *cargolade* Schnecken sind, die man grillt. Dazu wird *aioli* – Knoblauchmayonnaise – gereicht. Gigi erzählt vor allem deshalb von diesen besonderen Ess-Feten, weil einer ihrer amerikanischen Freund dabei Probleme hatte, richtig mit dem *porro* umzugehen. Ein *porro* ist ein gläsernes Gefäß mit einer spitzen Tülle, aus dem man den Wein in einem langen Strahl bei zurückgelegtem Kopf direkt in den Mund laufen lässt.

»Tom musste sich dreimal umziehen, weil er sich von oben bis unten bekleckert hatte«, sagte Gigi lachend. »*Americans like Budweiser and not wine like this. What the fuck…*«, gibt die Französin mit verstellter tiefer Stimme die Proteste des Amerikaners wieder. Erneut schallendes Gelächter. Wenigstens beim Essen haben die Europäer die Nase gegenüber dem »großen Bruder« jenseits des Teiches vorn.

Der Hauptgang kommt. Herbert hat sich heute für Seeteufel in Tomatensauce entschieden. Wichtig bei diesem Gericht ist, dass man die klein gehackten Zwiebeln, die Knoblauchzehen und die Paprika mit einem ganzen Glas trockenen Banyuls löscht. So jedenfalls, wird mir gesagt, macht es die Hausfrau des Roussillon schon seit Ewigkeiten. An den Gesichtern von Jean und Jérôme sehe ich, dass ihnen jetzt eine mit viel Knoblauch, Kräutern und Senf gebackene Lammkeule lieber gewesen wäre. Das reißt mich zu der Frage hin, ob Schäfer mitunter auch in den Bächen angeln gehen.

»Nur die wahnsinnigen!«, schallt es aus Jérômes Mund.

Es herrscht gute Stimmung am Tisch und allen, na ja, fast allen, schmeckt es ausgezeichnet.

Tony kommt auf ein Thema zu sprechen, das sich in den Pyrenäen während der Nazizeit abgespielt hat, als die Deutschen Frankreich besetzten: die Flucht vieler deutscher Schriftsteller und Intellektueller über die Pyrenäen. Sie alle versuchten, über Lissabon nach New York zu gelangen, Menschen wie Heinrich und Golo Mann, Franz Werfel, Walter Benjamin, Alma Mahler-Werfel und viele andere. Eine, die diesen verfolgten Emigranten damals half, war Lisa Fittko gewesen, die in Banyuls-sur-Mer lebte, einem malerischen Weinbauerndorf am Mittelmeer. In ihrem Buch »Mein Weg über die Pyrenäen« beschreibt sie die nächtlichen Fluchten dieser Deutschen, denen sie den Weg durch das zerklüftete und oftmals fast unzugängliche Gebirge zeigte.

»Lisa Fittko hat nach dem Krieg in Chicago gelebt, ist aber in den achtziger Jahren des letzten Jahrhunderts hin und wieder hier gewesen«, erklärt Tony. »Ein Freund von mir kannte sie. Sie muss eine bemerkenswerte Frau gewesen sein und viele Menschen haben Lisa Fittko ihr Leben zu verdanken.« Lisa Fittko starb 1987.

Es entbrennt eine Diskussion über die Zivilcourage und den Einsatz einzelner Persönlichkeiten während der Nazizeit. Jérôme, der eher schweigsam ist, ergreift nun das Wort und sagt: »Viele Schleichwege durch die Pyrenäen sind nur den Schäfern der Region bekannt. Wenn Lisa Fittko von ihnen nur ein oder zwei gezeigt bekommen hat, dann war sie vor den Nachstellungen der Geheimpolizei sicher. Allerdings wird es auch Verräter unter den Schäfern gegeben haben.«

Ein hoch interessantes Thema, das noch lange am Tisch diskutiert wird. Dabei wird weiter gegessen. Herbert bietet zunächst Käse an, später dann das Dessert: *crème catalane*. Das ist eine Vanillecreme, die man in flache, runde Keramikschälchen füllt, mit Zucker bestreut, der dann mit einem speziellen glühenden Eisen karamellisiert wird. Köstlich! Alle trinken Wein und sind gut gelaunt.

Etwas später geht es aus der Wohnküche hinaus in den Garten. Der Abend ist angenehm warm. Herbert verbrennt kleine Reisigzweige, aus denen die Flammen knisternd hochschlagen. Wir setzen uns um das Feuer herum, trinken noch mehr Wein und tunken darin *croqants* ein, eine Spezialität aus dem Gebiet von St-Paul-de-Fenouillets. *Croqants* sind ein knusprig hartes Gebäck und der alte Jérôme zeigt auf seine Zähne und meint schmunzelnd, dass es für die Zähne schon sehr wichtig sei, diese besondere Art Plätzchen vorher in Wein aufzuweichen.

Das Reisig ist längst niedergebrannt, und um das Feuer nicht ausgehen zu lassen, werden jetzt alte, knorrige Weinstockwurzeln ins Feuer geworfen, die einen angenehmen Duft verbreiten. Nick, ein Engländer, der sich mit seiner Frau im Dorf niedergelassen hat, entdeckt eine längliche, staubtrockene Wurzel neben sich und will sie ein Opfer der Flammen werden lassen, als Herbert ihn gerade noch daran hindern kann.

»Nein, diese Wurzel bitte nicht!«

Nick ist ganz erschrocken und betrachtet neugierig das Stück Holz, als ob es ein Schatz wäre.

»Guck doch mal genau hin, Nick!«, sagt Herbert. »Wie sieht die Wurzel aus?«

»Wie ein Ziegenbock!«, ruft Jean aus.

»Eben! Genau deshalb soll sie auch nicht verbrannt werden. Das ist ein natürliches Kunstwerk – nicht geschaffen von Menschenhand.«

Jean zeigt sich beeindruckt und lehnt die Wurzelziege wieder an den Stein, an dem Herbert sie vorher aufgestellt hatte.

Nicht geschaffen von Menschenhand und dennoch ein Kunstwerk! Dieser Satz lässt mich an ein verrücktes Ereignis zurückdenken, das ich vor längerer Zeit einmal im Tal der Têt gehabt habe.

Damals war ich zu Fuß mit Zelt und Rucksack losgezogen, um mir südlich von Fenouillet ungewöhnliche Felsen und Megalithe anzuschauen. Die kann man beim Wandern entdecken, weil keinerlei Straßen zu ihnen hin führen. Es war eine einsame Gegend, nur hin und wieder kleine Dörfer verstreut wie verlorene Perlen. Tiefe, zerklüftete Einschnitte prägten das Land, dazu bewaldete wie auch karge Höhenzüge, Schluchten im Laufe von Jahrtausenden von reißenden Bächen ausgewaschen, und

Dolmen, im Hintergrund die Pyrenäen.

immer wieder bemerkenswerte Steinformationen, so als habe die Natur Bildhauer sein wollen. Der Roc Cornut, südlich von Sournia, die »Sphinx« unter den Steingebilden, ist nach wie vor sehr rätselhaft. Niemand weiß zu sagen, ob es nicht doch Menschen waren, die diesen seltsamen Granit-Kopf bei Carnut aufgerichtet haben.

Wer sich manchmal etwas beschwerlich durch die hügelige Landschaft bewegt, wird durch eine atemberaubende Natur belohnt. Bereits vor Jahrtausenden lebten hier Menschen und hinterließen Menhire, Dolmen und Steinkreise. Schmale, hohe Steinbrücken und halb verfallene Wachtürme aus mittelalterlicher Zeit und ein römisches Aquaedukt zeigen die verkehrstechnische Bedeutung dieser Region innerhalb der letzten 2000 Jahre. Über die alten Pässe führen heute, neben den beiden großen Durchgangsverbindungen, kleine geteerte Straßen.

Abseits dieser Verkehrswege ist viel Raum zum Wandern. An einem Abend schlug ich mein Zelt nördlich von Ille-sur-Têt auf. Ich war hundemüde und so weit gelaufen, bis meine Füße nicht mehr wollten. Ich erinnere mich noch, dass ich einen kleinen Abhang hinunterstieg – allerdings ohne groß nach rechts und links zu gucken. Es war dunkel, als ich mein kleines Zelt aufstellte und mich rasch darin verkroch. Für die Umgebung hatte ich keinen Blick mehr übrig, das wollte ich mir für den kommenden Morgen aufsparen. Ohnehin war so gut wie nichts zu erkennen, denn der Mond lag unter einer dichten Wolkendecke verborgen. Ein wenig hatten mich die spitzen, säulenartigen Berge um mich herum schon irritiert, aber meine große Müdigkeit hatte eine nähere Untersuchung dieser seltsamen Gebirgsformationen verhindert. Die Nacht war angenehm, mein Schlaf tief. Zuletzt träumte ich, ich läge irgendwo auf einer großen Wiese und um mich herum liefen schnatternd Gänse durch das Gras. Das Schnattern des Federviehs wollte kein Ende nehmen und als ich endlich aufwachte, da hörte ich es immer noch. Was war denn das? Nichts wie raus aus dem Zelt! Als ich den Reißverschluss hochzog, fiel mein Blick zuerst auf Füße, viele Füße, die alle um mein Zelt standen. Das Geschnatter nahm an Lautstärke noch zu und endlich riskierte ich einen Blick nach oben. Und erstarrte. Mindestens 30 oder 40 Japaner hielten sich vor meinem Zelt auf und schienen heftig zu diskutieren. Als sie mich in der Zeltöffnung erblickten, wurden sie etwas ruhiger. Dann fragte mich eine Stimme barsch auf Französisch: »Wie sind Sie hier hereingekommen? Und was haben Sie hier zu suchen? Hier dürfen Sie absolut nicht zelten!«

Das fand ich doch recht seltsam, denn ich konnte mich nicht daran erinnern, dass ich irgendwo hereingekommen wäre. Eilig krabbelte ich aus meinem Zelt heraus, erhob mich und schaute in das nicht allzu freundliche Gesicht einer jungen, energischen Dame. Und dann warf ich endlich einen Blick auf meine Umgebung und war sprachlos. Was ich da sah, war grandios. Gelbe, spitze Pfeiler, die die Natur aus welchem Stein auch immer gebildet hatte und die wie Orgelpfeifen in den blauen Himmel ragten. Sie erinnerten an Fabelwesen. Wie war ich bloß hierher gekommen, ohne diesen umwerfenden Schatz der Natur zu bemerken? Die Japaner diskutierten erneut aufgeregt und ihre Führerin, um die es sich bei der jungen Dame handeln musste, ermahnte mich streng, endlich das Zelt abzubauen und von hier zu verschwinden. Dies sei ein privater Naturpark, für den man Eintritt bezahlen müsse und in dem es selbst dann noch strengstens untersagt sei, zu zelten. Ich war von ihrer Ermahnung sehr beeindruckt und brabbelte hastig eine Entschuldigung.

Die »Orgelpfeifen« von Têt.

Ich packte meine Sachen so schnell zusammen, wie ich sie noch niemals zuvor gepackt hatte, und kam noch nicht einmal dazu, mich richtig anzuziehen. Dann verließ ich mit meinem Zeug unterm Arm völlig überhastet das Gelände und musste dabei noch am Kassenhäuschen vorbei, wo man von meinem ungeheuerlichen Auftritt bereits unterrichtet worden war. Alles kein Problem, dachte ich. Da gehst du jetzt durch und lässt dir überhaupt nichts anmerken. Es war nur so, dass am Eingang zum ungewöhnlichsten Naturspektakel der östlichen Pyrenäen drei, vier Busladungen Besucher warteten. Und als ich ungewaschen, ungekämmt, mit meinem Zelt unterm Arm an ihnen vorbeiging, da konnten sich viele von ihnen nicht verkneifen, diesen Auftritt fotografisch festzuhalten. Es war höchst peinlich für mich, und ich verschwand so schnell wie möglich.

Ahnungslos hatte ich mein Zelt im Gelände der berühmten »Orgelpfeifen« aufgebaut – der »Orgues d'Ille«, einem sieben Millionen Jahre alten Erosionsphänomen. Dieses ästhetisch sehr ungewöhnliche Naturprodukt ist ein wahrer Augenschmaus. Bizarre, gelbe, säulenförmige Gebilde, die allesamt einem Fantasy-Film als Kulisse dienen könnten, erheben sich inmitten der Landschaft.

Einige Monate später bin ich dann noch einmal zu den »Orgelpfeifen« bei Ille zurückgekehrt. Ordentlich gekleidet wie ein normaler Besucher und mit einer bezahlten Eintrittskarte in der Hand. Niemand erkannte mich zum Glück. Und so konnte ich in Ruhe diese wunderschöne Laune der Natur genießen – die Natur als Künstlerin mit kühnen Formen und ausufernder Fantasie.

Mein Erlebnis von damals kann ich natürlich nicht für mich behalten und so erzähle ich es Herberts Gästen, die sich herrlich darüber amüsieren. Die Südfranzosen erinnern mich immer ein wenig an die Iren, für die ein Abendessen mit Gästen auch erst dann gelungen ist, wenn möglichst viele Geschichten dabei die Runde gemacht haben. Vor allem welche, über die man sich vor Lachen ausschütten kann.

Ein wenig wird noch über das Meer und die tollen Strände, die alle nur eine Stunde Fahrzeit entfernt liegen, geplaudert. Dass es in Frankreich keinen blaueren Himmel als den von Collioure geben soll, hat ja schon Matisse einst erklärt.

»Collioure ist der Himmel, aber den bekomme ich noch früh genug zu sehen!«, erklärt Jérôme frank und frei. »Das glaube ich deshalb, weil meine Mutter, die dort gewesen ist, es mir sagte, als ich noch ein Junge war.«

Picasso und Chagall liebten diesen alten Ort, der im Mittelalter Hafen für die Templerflotte gewesen war.

Für den Schäfer Jérôme ist Collioure wie eine Verheißung auf eine bessere Welt. Der kleine Ort liegt am äußersten Rand des Roussillon und am äußersten Rand der Pyrenäen – danach kommt nur noch das Mittelmeer. Schaut man auf eine Karte, so bekommt man den Eindruck, als führten alle die alten Pfade durch die abgeschiedene Welt der Pyrenäen, vorbei an geheimnisvollen Klöstern und interessanten Naturspektakeln, zu diesem einzigen, wunderschönen Hafenstädtchen, das ein alter Schäfer für das Tor zum Himmel hält und wo er, wie er meint, irgendwann einmal ankommen wird.

REISEN · MENSCHEN · ABENTEUER

NATIONAL GEOGRAPHIC
ADVENTURE PRES

Auf alten Pfaden

Karin Muller
Entlang der Inka-Straße
Eine Frau bereist ein ehemaliges Weltreich
ISBN 3-442-71164-9

Das Straßennetz der Inka, mit dessen Hilfe sie ihr Riesenreich kontrollierten, ist legendär – und wenig bekannt. Zu Fuß erkundet Karin Muller die alten Routen von Ecuador bis nach Chile. Ein Forschungs- und Reisebericht zugleich, packend und humorvoll geschrieben.

Eberhard Neubronner
Das Schwarze Tal
Unterwegs in den Bergen des Piemont
Mit einem Vorwort von Reinhold Messner
ISBN 3-442-71178-9

Nur eine Autostunde von Turin scheint die Welt eine andere zu sein: Aufgegebene Dörfer verlassene Täler in den piemontesischen Alpen. Unsentimental und doch poetisch schildert Neubronner die wildromantische Landschaft und die Menschen, die in ihr leben.

Jean Lescuyer
Pilgern ins Gelobte Land
Zu Fuß und ohne Geld von Frankreich nach Jerusalem
ISBN 3-442-71167-3

Eine Pilgerreise, die kaum zu überbieten ist: Zu Fuß von Lourdes nach Jerusalem, ohne Geld und mit viel Gottvertrauen.
Acht Monate Zweifel und Gefahren, aber auch beglückende Erfahrungen und berührende Begegnungen.

So spannend wie die Welt.

NATIONAL
GEOGRAPHIC

GOLDMANN